写真的建築論

下村純一

鹿島出版会

はじめに

　永いこと携わっているが、いまだにわからない写真の不思議がある。1枚の写真を前にした時、言葉があまり浮かんでこないのである。
　「きれいだ」に始まる、受けた感動を伝える言葉はいくつもある。だがそれらが、まとまった文を綴ることはない。写真の展覧会や賞でも、これまで作品の長文評に接したことがない。写真は読めない、言葉を拒むほどに映像として完結している、だからであろうか。
　同じく平面であっても、絵は十全な読み解きができる。1枚の絵に関する最も長い評論は、知るかぎりで、ミシェル・フーコーのベラスケスについての文章である。画家の美意識や技術ばかりか、思考までもが絵には描き込まれており、それを読めるのだ。絵の制作では、大脳の視覚中枢と言語中枢とが、結びついた両輪として働いているに違いない。
　研究者、建築家でない写真家が、建築について書くとしたらどんな形があるのか、ずっと考え続けている。本書は㈳東京建築士会会誌の『建築東京』の連載をまとめたものである。連載を始めた7年前、ひとつの仮説を立てた。写真は準備には時間がかかるが撮る時は、瞬く間である。しかもその何十分の1秒の間にカメラが捉える直の映像を、人は見ることができない。人の大脳の写真への関与は、その点であくまでも間接に留まる。だから平面映像としては完結、孤立形なのではなかろうかという仮説である。
　では写真自体を語るにはどうしたら良いか。写真は、撮った建築を撮影者以上に知っているかもと怪しんでいる。いや、夢を抱いている。それを言葉にできないもどかしさ。間接関与だが、撮影前後の様々な行動や注意は書くことができる。その積み上げの果てに、写真が知っているであろう建築の姿を言葉で示せるかもしれない……。
　連載の前半30数本は、既に『銭湯からガウディまで』（クレオ社、2004年刊）にまとめている。今回は本書編集者の相川幸二氏の指摘をふまえ、意図をより明確に示す上から全体を四つの切り口で再構成してみた。また相川氏の助言もあり、各文章を削ることにした。トリミングは、うまくすると狙いがずいと鮮明になり写真を締める。文章のトリミングも同じで、やってみて改めて無駄口の多いことに、我ながら呆れた。
　『建築東京』での連載は、100本超を目度に今も続いている。本書は中盤の山場である。的、はあいまいな言葉とこれまであまり使わずにきた。だがやろうとしていることがひとつ朧な今、あえてこの字を使い本書を『写真的建築論』と題した。いずれこの的のいらない写真建築論となるよう、今後も精進していかねばと気を引き締めている。

2008年4月吉日
下村純一

[目次]

はじめに ——— 003
写真は、建築から始まった ——— 006

第1章 まずは、建築観察 ——— どこを撮るか、何がおもしろいか　008

01	ミラノ市立水族館	ジノリの鯉、発見	G.S.ロカーティ[作]	009
02	五大陸の家	その出会いが、異常	フラン・スメトールフェルハ[作]	012
03	マルセイユのユニテ・ダビタシオン	決を、打てない	ル・コルビュジエ[作]	014
04	泰明小学校	何故か、アーチ窓が	東京市建設局[作]	016
05	諫早眼鏡橋	軽と薄は、建築的美		020
06	東京女子大学図書館	物としての、ガラス	アントニン・レーモンド[作]	022
07	パッツィ家の礼拝堂	隅が、変だ	フィリッポ・ブルネッレスキ[作]	026
08	東華菜館[旧矢尾政]	顔立ち探し	ウィリアム・メリル・ヴォーリズ[作]	028

第2章 機材と段どり ——— 撮影準備、あれやこれや　032

09	シャルトル大聖堂	必携レンズ、3本		033
10	食糧ビル	東京の雪景色	渡辺虎一[作]	036
11	船岡温泉 旧藤ノ森湯[現カフェ]	許された時間は、10分		038
12	シュミードル墓廟	四脚が欲しい……	エデン・レヒネル、ベーラ・ライタ[共作]	040
13	捨児養育院[オスペダーレ・デリ・インノチェンティ]	全天候型空間	フィリッポ・ブルネッレスキ[作]	044
14	早稲田大学旧図書館[現会津八一記念館]	レンズの、弱点	今井兼次[作]	048
15	サン・ドニ修道院教会堂	個人取材の壁と自由		050
16	ヴィラ・ワーグナーⅡ	3分の1は、片付け	オットー・ワーグナー[作]	054

第3章 建築は、写真を語る ——— 空間を撮ってわかる、写真の特性　056

| 17 | ギャルリー・ヴィヴィエンヌ | 道を写す、困難 | | 057 |

18	旧秩父セメント第2工場	廃屋は、写真美なり	谷口吉郎[作]	060
19	浅草の映画館 [ROXY、トキワ座、東京クラブ]	セピア色は、死語	松成建築事務所[作]	062
20	戎橋プランタン 大阪そごう	伝わるか、素材性	村野藤吾[作]	064
21	商船三井ビル	写せないもの	渡辺 節[作]	068
22	パイミオのサナトリウム	純粋平面複写	アルヴァ・アアルト[作]	070
23	日土小学校	目の自然、 カメラの自然	松村正恒[作]	072
24	大学セミナーハウス本館	無力化された、 写真力	吉阪隆正[作]	076
25	シュレーダー邸──I	ちまちまが、大事	ヘーリット・トーマス・ リートフェルト[作]	078
26	旧甲子園ホテル [現、武庫川学院]	往時の輝き	遠藤 新[作]	080

第4章 >>>>>> 建築的写真論──写真は、建築を知っている　　　　　　　　　　084

27	川奈ホテル	日本は、暗いのだ	高橋貞太郎[作]	085
28	ロンシャンの礼拝堂	ル・コルビュジエの、 閉塞性	ル・コルビュジエ[作]	088
29	パディントン駅舎	出来事は、空間を示す	I.K.ブルネル、 T.H.ワイアット[共作]	092
30	I.G.ファルベン[現ヘキスト] 染料工場事務棟	デ・キリコ的空間性	ペーター・ ベーレンス[作]	094
31	バルセロナ・パビリオン	構図を金縛りする、ミース	ミース・ファン・デル・ ローエ[作]	096
32	梅田換気塔	選び抜かれた、1本	村野藤吾[作]	100
33	明治生命本館	カメラが誘う、 ディテール狙い	岡田信一郎、 岡田捷五郎[共作]	102
34	シュレーダー邸──II	中心のない、部屋	ヘーリット・トーマス・ リートフェルト[作]	104
35	旧帝国ホテル中央玄関棟	ライトは、背が低い?	フランク・ロイド・ ライト[作]	108

写真は、建築から始まった

写真ファンのみならず、建築写真と聞いただけで、お堅い仕事、専門的で難しそう、面倒だと1歩退く人は多い。確かに雑誌や本にバンと載った建築写真は、柱が真っ直ぐに立ち軒の細部までくっきりと見える、ましてやブレたものなどない、とにかくきっちりとした写真ばかりだ。一見、感覚でというよりは、用意周到に計算し尽くされた映像。見せるべきものを過不足なく捉えている。それが硬派、難しい、面倒といった感想を呼ぶのだろう。

一方で近年の街並みや建築ウォッチングブームから、ことさら意識せずに建築写真を撮り始めている人たちがいる。あるいは観光地の記念写真では、背景に城やビルや町家が当たり前のように選ばれ、建築のからむ写真を誰もが撮る。

私は専門書の特化された建築写真と観光記念写真との間に、本来の建築写真があると考えている。

改めて写真の歴史をふり返ってみると、実は建築写真が、世界を平面に写し取る写真という行為の原点なのである。誕生間もない写真は、露光時間が数10分から数時間にも及んだ。とてもじゃないが動く相手は撮れない。そこでカメラが最初にレンズを向けた被写体のひとつが、不動の建築であり街となった。当然のこと暗箱大のカメラは三脚に固定され、シャッターなどはないから、撮影者はレンズの蓋をはずして数時間後に再び蓋をすることで、必要な露光時間を得ていた。

カメラが、一瞬の出来事を捉える肉眼に代わる眼となるためには、フィルムや撮像素子の進歩と、レンズやシャッターのメカニズムの発展が不可欠であった。けれども写真の原理は、デジタルカメラといえども、最初に都市や建築を記録した19世紀の暗箱から、何ひとつとして変わってはいない。その原理を、私たちは中学1年の理科で学んでいる。

建築は、古今東西人間の持つ技術と芸術とが合わさった造形物である。全体から細部に至るあらゆる個所が、吟味の果てにつくり出された表現物である。カメラを向けて、ファインダーやモニターにその姿を捉えた時、左右対称になっているか、柱は真っ直ぐに見せたいといった構図への配慮が喚起されるのは、ごく自然なことだろう。人や自然相手では気づかなかった、構図の甘さや明暗の対比である。それはとりもなおさず建築という被写体が、プロポーションを第一につくられた物であり、明暗を最優先に考えた空間である分、目立ってくるのだ。

だから逆に、一分の隙もない建築は、レンズやフィルムをはじめとするカメラと写真にまつわる特性を暴き出すことになる。何でこんなに大きく部屋が写ってしまうのか、影が真っ黒になってしまったと、見た目との違いは、建築を撮った時に痛感させられる。いわば建築は、その可能性も限界も明らかにしてくれる、写真の鏡なのである。

ところで建築を撮るといっても、ことさら身構えることはない。建築についての知識はあるにこしたことはないが、花の名を知らなくても美しい花の写真はいくらでも撮れる。ただ花を狙う時に太陽の向きや時間、季節を選ぶように、建築写真にも5W1Hがある。When、Where、Who、What、Why、そしてHowは、人に何かを伝える基本である。建築の場合、Whoは写しようがない。WhereとWhatは嫌でも写っている。

まず大切なのは建築の見え方に関係する太陽光を選ぶ刻限と季節のWhenである。またどうしてそこを撮ったのかという撮影動機のWhyである。最後にどのようにして撮ったか撮影手段を決めるHowがある。建築の撮影時に直接求められる感覚や計算は、この2W1Hといえる。

そして出来上がった写真を読もうとする場合、往々にして撮影時には注意のいらなかったWhat、つまり建築について考えをめぐらせてしまいがちとなる。そうではなく、どんな日射しだからシャッターを切った、何故この部分を切り取ったか、どんなレンズで観察した結果がこの写真だという具合に、まずは写真として見るべきではないかと思う。

被写体であるからには、建築の知識が少しはなくてはまずいだろう。だがその知識から写真を読むのは、写真家の仕事ではない。どう写ったのか、写真としてどうなのかを、最初に問いたいところだ。そして写真と建築とをない混ぜにしつつ考え、感じ、撮って読むところに、写真の原点としての建築写真のおもしろさがあるのではなかろうか。

第1章

まずは、建築観察
どこを撮るか、何がおもしろいか

　建築写真が特殊な分野と思われがちな理由のひとつは、カメラ機材にある。フィルムは大判、カメラは垂直線や水平線を自在に出せ、またピントの合い方も調整できる大型ビューカメラを普通に使う。その大型カメラは、当然大きくて重い三脚上に乗る。街中で時々見かける、人がカメラごとすっぽりと黒い布を被っているあれである。布は、カメラ背面のピントグラス上に投映された像を見究めるために、被る。

　この像は、実像である。だから天地左右は反転している。その完全反転像を相手に、構図を練りピントを定めるには、確かに専門職としての相当な修練を必要とする。

　一方、一眼レフカメラのファインダーやデジタルカメラのモニターが捉える像は虚像、実物を縮小した正立像である。反転していない分、狙いをつけ易く、したがって構図も容易に定まる。何しろ、目の前の実物と即座に比較検討ができるのである。また移動やレンズ交換などを考え合わせると、双眼鏡以上に強力な、建築観察の武器であると思う。

　ではその一眼レフカメラで、どこをどう観察してシャッターを切れば良いか。建築は、つくられた時代や場所の違いを、必ずどこかに刻んでいる。同じ建築家の作品であってもだ。まずはそうした違いを観察してはどうか。あれっ、変だなあと思う部分を見つけたら、迷わず望遠レンズで切り取る。壁に黒々と落ちる影の出方が随分と長いなとカシャ。外観全体がまったくの左右対称形で、実に堂々としていると感動したら、正面きってそのどっしりした様を狙ってみる。カメラによる建築観察の楽しさが、自然と湧いてくるのではないだろうか。

　違いとともに、一致点を探すのもおもしろい。どの建築も同じような場所に装飾がついている、このタイルはあの建築といっしょだといった観察結果を、手軽に写真に残せるのも、一眼レフならではだろう。

　立派だ、きれいだ、鮮やかな色だ、変な形だな、妙な細工だけど……。建築を前にした時のこうした感動や驚き、疑問が、即、シャッターチャンスである。改めて書き並べてみるとそれはあらゆる写真に共通した撮影動機であって、建築写真だけが特殊なのではない。大切なのは、違いや共通性に気づく目ではなかろうか。建築は逃げも隠れもしない不動の造形物である点、このカメラによる観察術を養うには、まさに格好の被写体なのである。

01 >>>>>>>>>>> ミラノ市立水族館 | 1905年 | ミラノ | G.S.ロカーティ［作］

ジノリの鯉、発見

　昭和30年代の東京の銭湯を飾った絵タイルの大半を焼いたという職人、章仙さんを取材した。もちろん現役の絵タイル師で、その時は江戸東京たてもの園の子宝湯に納める"翁媼図"を制作中だった。工房の広い作業台一面に、白タイルがびっしりと並べてある。これから絵付するところだという。古伊万里の色絵付は、呉須で青の染付を焼き施して、さらに赤や緑、黄といった上絵付をしながら、再び焼く。それと同じ工程を、銭湯の絵タイルも辿っているわけだ。

　随分と手間のかかる、根気のいる作業だ。中世のステンドグラスもまた、同様に焼き上げてつくられた。透明なガラス片を鉛で編み上げ、そこに色付をして一度バラして、ガラス片を焼く。その過程がステイン、つまりステインされたガラスなのだと学生の頃教わった。フィルムも含めて、色物は必ず褪色する。建築本体に密着したディテール表現としての色絵が褪せてしまったのでは、元も子もない。不変の色彩を得、いつまでも輝いた表情で壁面を飾るには、絵タイルやステンドグラスのように、色を焼結させる手だてが古来不可欠なのである。

　1906年のミラノ国際博覧会時に"魚類館"として建てられたこのミラノ市立水族館には、絵タイルが随所に施されている。2階建てのパビリオンは、正面に凱旋門風の構えを立ち上げ、中央にネプチューン像を高々と掲げる。そして水棲生物の像があちこちにつけられ、巻き貝のキーストーンやカバの噴水が、訪れる人を迎える。それら彫刻はすべてセメント製の塑像で、軟らかいためか結構傷んでいる。

　ところがカバの噴水の上部、窓回りの壁一面に張られた絵タイルは、傷みや変色がどこにも見当らず、そこだけがいつまでも20歳の肌を保っている妙な感じ。5月の陽光に燦然と照り輝き、今となっては、ネプチューンやカバに取って替わって、この建築の主役に踊り出た呈である。1、2階を分けるかのように、半円筒状の絵タイルの帯もめぐらされている。その中に、ジノリの署名を発見した。あの有名な窯が、この楽しげな肉厚絵タイルを焼いていたのだ。

　帯状に張られたタイルには、真鯉が描かれていた。すぐに銭湯を泳ぐ錦鯉の群れが頭に浮かんだが、活写という点では、銭湯に軍配は上がった。無理からぬことだろう。当時ヨーロッパでは鯉は大変珍しい淡水魚で、だからこそ万博パビリオンを飾るにふさわしい魚としてわざわざ選ばれたに違いない。ここに描かれたジノリの鯉は、実物を写してのものではなく、おそらくジャポネズリあるいはシノワズリなのだろう。はたしてジノリは、この後鯉をモチーフにしたコーヒー・カップをデザインしたであろうか。

02 五大陸の家 | 1901年 | アントウェルペン | フラン・スメートールフェルハ[作]

その出会いが、異常

アール・ヌーヴォーの研究者でもある建築家橋本文隆さんから、アントウェルペン（アントワープ）はアール・ヌーヴォー建築の知られざるメッカだとうかがった。そしてこの"五大陸の家"と呼ばれる船の舳先を壁から突き出した建築の写真を見せられて、いっぺんで魅せられた。船と合体した建築、これは尋常な所業ではない。船を、暗喩として表現するのが、建築の常識だろう。とにかく実物を撮りにいかなくては……。

アントウェルペン中央駅前に行き交う路面電車に乗って、王立美術館裏手の通りにあるという"五大陸の家"を目指した。住宅は、すぐに見つかった。大通りと鋭角的に交わる小路の入口から、空中高く掲げられた舳先が覗いていた。3階コーナーから街路に対して45度の角度で突き出された船は、どうやら角部屋のバルコニーになっているようである。屋根裏部屋も含め5階建ての主棟部が街路側を画し、3階、1階と奥まるにつれて下がっていく。最後尾の1階部分には、観音開きの大扉がついているので、おそらく馬車のガレージだろう。その上は、ガラス屋根を架けたオープン・テラスである。全体の輪郭も、船をなぞっていた。スケールはおかしいけれども、舳先に続いて、操舵室や客室、機械室そしてデッキと、住宅のプランや機能を巧みに船と重ねている。外壁に張られたタイルも吃水線を示すつもりか、2階までと上階とで模様を分けてある。

何といってもこの住宅の見所は、あの舳先である。ひまわりのような黄色のガラス庇をめぐらせた上には、さらに物見ならぬ4階のバルコニーまで設けてあるではないか。

まずは舳先をど真中に、全体を見上げたカットを撮る。ガラス屋根の鉄の架構に、文字を刻んだステンドグラスがファインダー越しに見えた。ヨーロッパ、アジア……、そうかこの家の名の由来かと、望遠でその1枚1枚を追う。巨大で重厚なランタンが下がっている。それが錨の

　ように見える構図を探すと、次から次におもしろいディテールが目に飛び込んでくる。
　ふと、我に返った。造形に魅せられるあまり、船が合体した建築というその異様なコンセプトをまったく撮っていない自分に気づいた。
　ブルトンが賞賛した「解剖台の上のミシンとこうもり傘の不意の出会いのように、美しい」というロートレアモンの詩は、こんな状況を描いたものかもしれない。マルドロールの歌六抄では、この最後の一節だけが有名になりすぎたが、そこに至るまでのパリのパサージュを描く下りは、まるでシュールではない。アール・ヌーヴォーとしてはおとなしい外観に、ちょこんと出たこれまた普通の木造船。この家が、まるでマルドロールの歌そっくりに思え始めた。

03 マルセイユの ユニテ・ダビタシオン　1952年　マルセイユ　ル・コルビュジエ[作]

決を、打てない

　ヨーロッパを旅行していると、突然の祝日に襲われることがある。イタリアからマルセイユへ入ったその日も、知らなかったフランスの5月初旬の連休で、連休となると向こうは徹底していて、この時はツーリスト・インフォメーションが休みで地図もなし、ホテルの予約もダメ、しかも駅の両替所も休みだった。とにかく荷物をかかえたまま、宿探しに街を彷徨い歩くはめになった。午後はユニテを撮影し、翌日パリへ戻る予定だったので、気ばかりがあせる。

　こうした精神のマイナス・テンションがユニテの取材に尾をひかないはずはなく、この日の撮影は今思い返しても中途半端のまま終わった。

　いきなりピロティから撮り始めたのが悪かった。ユニテのピロティは、想像をはるかに超える力強さで、地面に立っていた。古代の巨石遺跡さながらの存在感を漂わせつつ、先太りに突き上がる粗々しいコンクリートの塊は、建築が大地に立ち上がる造形物であることを、表現しきっているように見えた。さらにそのスタンディング・コンクリートの放列が、日射しや眺める角度の違いで、実に様々な空間を開陳している。もう夢中になって歩き回って、気がつけば、予定していたフィルム枚数をとうに超えていた。

　そんな時は、ちょっと覗けた向こう側のピロティを掠める光なんてものが、ファインダーの中でえらく魅力的に見えてしまうものである。後で見ると何だと思う写真が、大半だ。

　建築写真の名人といわれる人たちには、伝説が多い。ロケハンをして即座にこの作品は5カットでOK、自分には信じ難いほど少ないカット数しか撮らないというの

もそのひとつである。私は用意したフィルムがなくなるか、疲れて動けなくなるまでシャッターを切る。その最中はどこを何時に撮ったかなどうろ覚えで、だからいつも決を打てない。これで満足という達成感を得たことはほとんどない。一写入魂、決を打つ。いつかは、そんな写真も撮ってみたい。

ところでマルセイユのユニテでは、ズルズルとピロティにばかり目を奪われていたためか、決定的なミスを犯してしまった。ファサードが4面あるという基本中の基本を忘れていたのである。目が赤みを帯び始めた頃に、終えるにはちょうど良い疲労感が溜まっていた。しばしば疲労感は、達成感の錯覚を呼ぶものだ。やはり見学に来たという学生たちと2、30分丘の上に座って話をした後、機材をまとめてバスに乗った。

ふと窓からユニテを見返した。自分で撮影した作品を、改めて肉眼で見る気分はなかなかである。だが、遠ざかる瞬間、最後の4面に立ち上がる外階段が目に突き差さった。あっ、撮ってない……。疲れ切った体は、しかし動かない。荒井由実の歌よろしく、車窓からただ外階段を凝視し続けることしかできなかった。

04 泰明小学校　1929年[昭和4年]　東京都中央区　東京市建設局[作]

何故か、アーチ窓が

東京に現存する昭和ヒトケタ代の建築を訪ね歩くと、作品の大小公私を問わず、やたらアーチ窓に出喰わす。昭和ヒトケタといえば、まだまだ関東大震災の痛手も残る、震災復興の真っ只中であった。復興事業でつくられた建物にはまるアーチ窓は、その柔和な表情からして、希望の持てる明日を切に願う人びとの、シンボル・デザインとなったかの印象さえ受ける。

アーチ窓が多用された建築上の理由を、自分なりに推論してみた。三つまで、思いつく。ひとつは、アーチ窓の多くが最上階に登場することからして、上ほど軽快にという、ルネサンス以来のファサード・デザインの大原則である。ふたつめは、震災復興期と分離派の活動時期とが重なったことで、ドイツ表現主義の影響をまともに受けた日本の分離派の余波が、当時の建築界を覆い尽くす。そして町場の看板建築から公共建築までがアーチ窓をこぞって採り入れた。最後は、まったくの当て推量だが、耐震のための鉄筋コンクリート仕様。石造技術の歴史の浅い日本では、レンガによってアーチを開くことが結構大変と考えられ、洋風デザインの象徴であるアーチが、実は敬して遠ざけられてきたのではなかろうか。そこへ、組積造ではなく、鉄筋コンクリートの使用が義務付けられた。これならばと、長年のアーチ・コンプレックスを一気に打ち破ったとは考えられまいか。ともかくも、当時の東京市が復興計画の中で最も力を入れたとされる多くの小学校には、アーチ窓がずらりと並ぶことになった。

銀座の泰明小学校もそのひとつである。華やいだ銀座の歩道に開くエントランスの構えが、いかにもモダンだ。歩道からでも十分に見えるのだが、校庭に立って改めて全景を眺めた。夏前ということもあって、校舎はぶ厚い蔦のベールに覆い尽くされている。蔦は最上階の3階をぐるりとめぐるアーチ窓の縁にまで迫り、正円であるはずのアーチが、ドイツ表現主義ばりの放物線形に見えておもしろかった。アーチ窓のめぐるその3階をちょっとだけ奥まらせ、屋階、特別な階の感じを出そうとし

ているあたり、随分と濃やかなデザインである。

　取材許可を取ってあったので、授業中の工作室へおじゃまできた。3連のアーチ窓に、高い所から陽光が落ちている。光を透かした蔦の葉が、まるで小粋なレースの縁取りででもあるかのように窓を囲み、ただでさえ優しい表情のアーチが、一層の柔らかさ、温かさで子供たちを見守っていた。この優しさが、はたして写真に出るだろうか……。

　佐野利器をヘッドとする当時の東京市建設局の意気込みを、改めて思った。彼らは、こんなにも温かな教室空間を、総計で52にものぼる小学校で創造していた。震災で傷ついた子供たちの心は、どんなにか癒されたことだろう。

05 諫早眼鏡橋　1839年[天保10年]　諫早市

軽と薄は、建築的美

　軽薄短小。この四文字を肯定的に受け取れる分野に、技術がある。軽量化、薄膜化、小型化、ナノ・テクノロジーなど、技術は常に軽薄短小との格闘だ。そして技術的側面を合わせ持つ建築もまた、四文字を表現に結びつけることができる。

　建築には、構造がある。構造を素直に形造れば、堅牢さや重厚さを主張することになるだろう。つまり、建築は重厚長大が自然なのだ。一方で軽ろやかな屋根や浮くような階段、薄いガラスの皮膜や床といった形容のできる建築も多い。そして重よりは軽、厚ではなく薄をデザインとして目指した作品に出会うと、ついそこに目を奪われ、その一点に絞って写真にしようと頑張ってしまう。

　諫早市に残る、石造の眼鏡橋を見た。随分と薄い橋だなあという印象が、強烈に目に焼きついた。太鼓橋の頂部が、それこそ宙に浮くかのように見えたのである。橋の一方が樹木に半ば覆われ、その深い緑の中へ消え入るような様子も、薄さ、浮遊感を強調したのかもしれない。とにかくその日の撮影は、初めに感じたその薄さを、どう捉えるかをひたすら追うことになった。

　天保年間の作だから、中国伝来の石造技術を用いたアーチ橋は、既に長崎をはじめ九州各地に数多く架けられていた。馴染むほどではないにしても、ただ石造くらいでは、人は驚かなくなっていただろう。しかしこの眼鏡橋は、諫早のおもしろかぞえ歌に登場するほどの衆目を集めている。浮橋的な薄さに、幕末の人たちも驚きや戸惑いを覚えたに違いない。

　その2連アーチの、偏平に湾曲した全身は、実に優雅で美しかった。そしてなだらかな猫背の頂部が、アーチの構造材1枚分の厚さしかないことに気がついた。さっそく双眼鏡代わりに用いることの多い100ミリの望遠レンズで、基部からアーチに沿ってパーン気味に追った。裸眼で見るよりも、ファインダーを通して建築を観察する習慣が身についてしまっているので、つい100ミリを取り出してしまうのだ……。一見すると欄干が橋を厚く見せてはいるが、やはり頂部は楔形に成形された薄い切石1枚しかない。しかも、曲率があまりにもなだらかである。アーチは石1枚で十分に機能することはわかっている。しかしそれまで薄さに感じていた美しさは、ファインダーの中で、次第に不安へと変わっていった。

　そしていざ自分も橋上に立って、路面や欄干のディテールを追おうという段になって、渡るのが本当に恐ろしくなってしまった。一瞬だったが、江戸のハイテク技術に当惑した人たちの気分を追体験した。

06 東京女子大学図書館 1931年[昭和6年] 東京都杉並区 アントニン・レーモンド[作]

物としての、ガラス

　建築家レーモンドに対する無関心は、学生時代に決まった。友人の、ペレをそっくりまねて聖路加や東京女子大のチャペルをつくって、ペレから訴えられた人、というひと言が頭に刻み込まれたからである。なんだ剽窃の建築家かと思い、だったら本物をとル・ランシイの教会堂を見に行った。以来、つい最近までレーモンドには近づかずにいた。

　そんな私にどうしたことか、ドコモモが主催するレーモンドのシンポジウムのパネラーとして声がかかった。直前に、雑誌の取材で東京女子大のキャンパスを具に観察して回っていた。模倣、剽窃の人という負のイメージは、その時私の中で、アフター作品に挑んだ建築家という好ましいイメージに変わり始めていた。

　絵でも音楽でも、後に大のつく芸術家になる人たちは、若い頃に必ずアフターをやる。アフター・モーツァルトとしてベートーベンは変奏曲を書き、ベラスケスの「官女たち」のアフターを、ピカソは執拗に描いている。それらを我々は、模倣とは決して呼ばない。建築に、それがあっても良いだろう。

　東京女子大のキャンパスは、若きレーモンドのアフター作品群に満ち溢れていた。ペレを主題にしたチャペル、ライト風図書館、出身地チェコのキュビスムばり体育館などが、10数年をかけてつくり上げたキャンパス全体に次々と現れる。図書館を中央に、左右に教室棟の並ぶスキッとした軸線構成は、ジェファーソンのヴァージニア大学の写しだろう。

　その図書館は、深く一直線に伸びる軒が、ライトのプレーリー・スタイルを思わせる作品だ。一方で四柱仕立ての瓦屋根を乗せるロビー空間を一段高く聳えさせ、寺の本堂のごとき面構えも見せる。構造を列柱状に仕上げ、矩形の縦長窓を規則正しく開く、厳格な立面。その正確な描写を、何枚も試みているうちに、嫌でもそこにはまる窓サッシの美しさに気づかされた。何て細い桟だろう。ガラスも、むかしガラスのためか、無の存在ではなく、まずは物として見える。まさしく障子の美、それをレーモンドは鉄とガラスでやってのけたのである。

　近寄って窓の詳細を撮らずにはおれなくなった。ぶ厚いむかしガラスには、水が流れ落ちるような縦皺が深く刻まれ、透かすというよりは光を蓄えて自ら輝く白糸の滝である。施されたステンドグラスの幾何学性も鋭く、飾り障子を見ているようであった。

　レーモンドは、ライトを範にした図書館をアフター作品に仕上げるために日本を呼び込んだ。それがいかに近代という時代にかなった建築であったかは、彼の元から幾人もの大建築家が育ったことからも十分にうなずける。

07 パッツィ家の礼拝堂 | 1440年代 | フィレンツェ | フィリッポ・ブルネッレスキ [作]

隅が、変だ

「片蓋柱と書いて、かたぶたばしらと読む。イタリア語のピラスター」。耳馴れない日本語の響きがおもしろくて、ルネサンス美術の講義で、最初に覚えた建築用語となった。まだ建築も美術も、何も知らない時であった。ピラスターだ、オーダーだといわれても、それに相当するものの姿形が思い浮かばない。いたずらに言葉だけが頭の中で育っていった。そのルネサンスの講義で、特に興味を覚えた建築家がいた。フィリッポ・ブルネッレスキである。フィレンツェ大聖堂のクーポラをつくった男。ミケランジェロをして、あれを超える美しさのドームはつくれないといわしめた建築家、やはりそんな先生の話がおもしろかった。ともかくも初めてのフィレンツェ滞在中に、彼の作品を訪ね歩いてみた。そして片蓋柱の重要さを思い知ることになった。

パッツィ家の礼拝堂は、ブルネッレスキが唯一ファサード・デザインを残した宗教建築である。小振りには見えるが、12メートルを超える正面ポーティコは、美しい6本の円柱によって開かれ、その影のごとき深い縦縞を刻まれた片蓋柱がやはり6本、背後の壁につけてある。ポーティコの入口は正円アーチだが、堂内への入口はペジメントを乗せた矩形、彼にしては随分とボキャブラリーを増やした感もあるが、うるさくは見えず、小気味良いパースの変化だとその豊かさは見て取れる。そして御堂内で、ブルネッレスキ

作と思われる福音書記者たちのテラコッタ像などを撮影しているうちに、おかしな片蓋柱の処理に気づいた。

　長方形平面の御堂の短辺側4隅に、長辺側の片蓋柱がひと筋だけ折り込まれているのである。また祭壇奥では、まるで壁中に埋もれた角柱のエッジだといいたげな、片蓋柱の痕跡が顔を出す。ピラスターは、もちろん装飾だ。装飾だがそれが見た目上は構造柱と受け取られる必要のあることは、祭壇と御堂の境を画す、角柱仕上げのピラスターから理解できた。けれども、あのアンバランスな折れ曲がりや申し訳程度の顔出しは、どうカメラを構えても、またレンズを換えても美しいデザインには見えない。

　奇妙さは、いずれも隅で発生している。隅の処理が難題であることは、古今東西いっしょなのだ。短辺側への折り曲げは、あるいは別の柱の貫入に見えなくはない。御堂はたまたまこの大きさの長方形平面とされたが、本当はもっと脹らんでいるよという、ブルネッレスキのイメージ表現。祭壇奥の痕跡顔出しは、日本の床の間でよく見かける隅のデザインに同じかもしれない。しかし線だけでなく、ぽてっとした柱頭や台座まであるから変なのだ。天才ブルネッレスキも苦労しているなあという印象ばかりが、強くなる……。

027 ｜ 第1章 >>> まずは、建築観察

08 東華菜館 [旧矢尾政] 1926年[大正15年] 京都市 ウィリアム・メリル・ヴォーリズ[作]

顔立ち探し

筋からして建築の話が出てくるとは思わなかった小説に「建築物の様子を顔立ちなどと言って良いか」と、ある家を見て自問する主人公の下りがあった。顔立ちか、いい物言いだ。力みのない易しい言葉の選択に感心した。そうして自分の仕事は、建築の顔立ち探しなのだと思った。ひとりの建築家を追っていくと、そこに共通した何らかの表現が見えてくる。その顔を見つけて示すことが、建築写真の仕事であると思う。

ところがひとりだけ、いつまでも顔立ちのつかめない建築家がいる。ヴォーリズである。ヴォーリズの作品は大雑把に評される時でも、コロニアル、オールドイングリッシュ、ある時はスパニッシュはたまたアメリカン・ボザールと、まるで七色仮面のごとくにひとつには定まらない。だから新たに彼の作品に出会う度、まったく別の人間の建築を撮影しているような気分に陥り、頭をかかえることが常だ。これも本当にヴォーリズなの、である。

京都の四条大橋のたもとにある4階建ての東華菜館は、場所柄よく知られたヴォーリズ作品のひとつだろう。狭い先斗町から四条通りに出る。ちょうど真向いにひょろひょろと細長く正面を立ち上げているものだから、先斗町の突き当たりの塀のように見える。その正面を、細密なテラコッタで飾ってあるのだが、まず太い門柱2本が、スペインのチュリゲラ風螺旋の断片を刻んだテラコッタ製。この鳥居のような柱を手がかりに、頂上にキーストーンならぬ山羊の頭を打ち込んだテラコッタの一大絵巻が、ロダンの地獄門さながらに展開する。

魚、エビ、貝と、少しおどけた表情の海産物がちりばめてある。同行させてもらった藤森照信さんのひと言「そう、矢尾政は、フレンチ・レストランといっても、今流行りの地中海料理の店だった」で、装飾の由

来や全体が醸し出すスパニッシュ感覚は理解できた。けれども、それではあのオコゼにレンズを向ければ、そこにヴォーリズ印が見えるのだろうか。鴨川対岸からの姿は、気まじめで堅い歴史様式の追随。最後に上がった屋上には、スパニッシュ・ドームが聳え立っていた。赤瓦の美しい小品だったが、それよりも、コーナーに添えられた花壺飾り越しに眺める鴨川の風景がとても素敵だ。

　1,000棟超の建築をヴォーリズは建てたらしい。この数から、組織化された事務所仕事だなと見当はつく。彼が直接手を下した作品は、ずっと少ないに違いなく、その辺りの疑問は本を調べれば氷解するだろう。そして七色仮面ヴォーリズの謎は色を失って、撮影意欲は間違いなく半減する。だから彼に関する本は読まないことにした。出会う度に異なる顔立ちを覗かせる彼の本当の顔を、カメラで追い続けてみたいと思う。

第2章

機材と段どり
撮影準備、あれやこれや

　三脚は、建築に限らず一眼レフカメラで観察記録をつくる際の必需品だ。えっ何で、最近のカメラは手ブレ補正がついているから三脚なんて、と訝かる人もいるかもしれない。

　確かに三脚の大きな役割のひとつは、ブレの防止である。一眼レフではシャッターの作動時に、ファインダーに像を導くミラーがはね上がり、続いてシャッター幕がバネの力で超高速移動する、2段階のカメラブレが発生する。その振動は、大型カメラのレンズシャッターよりも大きい。さらに手持ちの揺れが加わるから、必ずといってよいほどに写真ブレが起こる。それを防ぐ機能が最近のカメラにはついているので、この点での三脚の役割はなくなりつつあるだろう。

　しかし構図を定めるという、もうひとつの重要な役割は、今後も生き続けると思われる。カメラのファインダーが捉える像は、大変に小さい。デジタルカメラのモニターも同じように小さくて、手持ちでその全画面をチェックすることは至難の技だ。例えば、気づいていない人が大半だが、人にはカメラを構える時に各々のくせがある。真正面に構えたつもりでも、必ず天地左右どちらかに微妙に傾いでいるものだ。被写体が厳格な造形の建築である場合、そうしたカメラ構えのくせは、ごまかしようのない無様な結果として、写真に刻み込まれる。

　ファインダーの中央ではなく、周辺部の物の捉え方も気になるところだ。一眼レフで建築観察をしていると、写真とは被写体を切り取って、見せる行為なんだとつくづく思う。だから、何をどこで切るかというファインダー周辺部の、それこそ1ミリにも満たない物の見え隠れが鍵になるのである。この構図の微調整やカメラ構えのくせの修正は、手持ちでは不可能、三脚にカメラを据えてはじめて可能となる構図の画龍点睛である。

　あるいは建築の内部では、往々にしてシャッタースピードが2秒、4秒と手ブレ補正機能が正しく働かない長時間露光となる。やはり三脚は不可欠な機材で、その三脚を、自分の建築観察のスピードについていけるほどに自在に操れるよう努力するのである。

　三脚をはじめ、カメラやレンズ、撮影許可や天候など、一瞬のシャッターを切るだけにしては、実に多岐に渡る、かつ時間を要する準備や段どりが待っている。それをひとつひとつクリアーしていくことは、もはや苦労ではなくやって当然の、むしろそれら全体が撮影という行動なのではないか。ボタンを押した瞬間に響く心地良いシャッター音は、その大きなごほうびだと思っている。

09 シャルトル大聖堂　12世紀　シャルトル

必携レンズ、3本

　レンズは何本くらい持って来るの。取材で同行する建築家や編集者に聞かれることがある。写真家は機材勝負だといわれる場合が多い。そして撮影現場に、びっくりするほどの機材を持ち込む人もいる。自分は、いかなる時でもショルダーのカメラバッグ1個と三脚1本だけと決めている。

　建築を満足のいくだけ撮影するには、何本くらいのレンズが必要だろうか。歩いて持っていける重量には限りがあるから、できるだけレンズ数はおさえたい。しかし長玉がなかったばかりにあの装飾を撮り逃したと、現場で悔しい思いはしたくない。そこで初めの頃は、20ミリ広角から300ミリ望遠まで、5、6本のレンズを必ず持って出かけていた。

　5年目ぐらいから、3本あれば納得のいく撮影ができると、感覚的にわかってきた。というよりも、20ミリ広角、シフトレンズ、そして100ミリ望遠の3本が、自分の建築観察の視覚に最もしっくりくることが、圧倒的な使用頻度から判明したのである。現場で前後上下左右、動き回ることをいとわなければ、この3本でたいていの建築は観察しきれる。

　ただしヨーロッパを取材する場合は、フル装備、6本のレンズを携帯する。街並みをおさえる標準と細部を撮るマクロ、塔のてっぺんを観察する300ミリを加えるのである。その300ミリはこれまで数えるほどしか使ってはいない。目とはまるで異なるど迫力の視野が提供されるので、へたをすると振り回されておしまい。大変に危険なレンズでもある。

　シャルトル大聖堂の西正面のバラ窓を、100ミリの望遠でのんびりと眺め回していた時である。純粋石灰岩造と思っていたバラ窓の中に、赤い見慣れぬ輪が見えた。どうやら鉄製のようだが、はっきりとはしない。念のために持って出た超長玉をつけて、改めてバラ窓を覗いた。

　やはり鉄輪だった。1枚1枚工房で丹念につくったステンドグラスを、運び上げて石の枠に取りつけるのであれば、がっしりとした鉄の輪にガラス絵をはめ込んでおくのはしごく当然だ。初期の頃は木枠であったとも聞くが、その鉄のサッシが外観に露出しているのが私には意外だった。バラ窓をつくる石灰岩は、長年の雨水で随分摩耗している。そのほつれた継ぎ目に、やはり鉄材らしきジョイント部材が覗いていたのもおもしろかった。

　相手次第で、恐るべき眼力を発揮する300ミリだが、ひとつだけ心配がある。一眼レフカメラは、ミラーがはね上がった後フォーカルプレーン・シャッターが作動するという、ブレを引き起こさずにはおかない振動がシャッター時に発生する。せっかくの慧眼で発見したディテールの写真がブレていた苦汁を、これまで幾度となくなめている。望遠を使う際には、くれぐれもご用心。

第2章 >>> 機材と段どり

10 食糧ビル

1927年 [昭和2年] ／ 現存せず 東京都江東区 ／ 渡辺虎一[作]

東京の雪景色

　雪が降るのを、待っていた。
　松葉一清さんとの年間の連載企画物で、季節感を出したいという編集者の意向から、前年にその月々の建築を撮り歩いたことがある。5月は新緑と窓の対比でステンドグラス、12月はクリスマスの華やぎからデパートと、あらかじめ松葉さんが建築の候補とその狙いを決めた。そして2月は、雪の降る清洲と永代の2橋となった。
　2月も終わりに近づいた頃の早朝、待望の雪が降った。ところが地下鉄に潜っている間に、どうやら雪は雨に変わったようで、道という道の雪は溶けて、その名残りすらない。降る雪にかすむ橋は、文字通りの絵そら事になってしまった。2月の候補作品には、近くの食糧ビルも予備であがっていた。交通量の少ない分、少しくらい雪も残っているのではと気を取り直し、食糧ビルへ向かったのが朝の8時であった。

やはり状況に大差はなかった。高さ12メートルの3階建てと比較的低層の建築だが、目いっぱい引いても立面が正面構図では撮れないほどの狭い道路は、ただ黒く濡れているばかりだった。わずかに街路樹の根元や道路の側溝に、薄汚れたシャーベット状の白い固まりが残っていた。しかしとてもじゃないが、季節感たっぷりの新雪とはいえない。どうやら降り積もった雪らしきものに出会えたのは、中庭の車の屋根であった。かつては米相場の立ち会いで活気に満ちていたという中庭は、もの静かな駐車場と化していた。

この食糧ビルも、震災復興建築のひとつである。やはりアーチが表現の大きなポイントに、というよりはアーチのジャングルジムと形容できるくらい、見事にアーチだらけの建築である。外観では1階と3階を同軸線上で並ぶアーチで納め、かつ2、3階の壁を同じレンガ・タイルで仕上げているので、上層は縦長アーチ窓が列をなしたやに見える。1階はドリス式オーダーに縁取られあたかもルネサンスの列柱回廊を想わせた。そのひとつひとつが問屋の事務室だったようで、どれも玄関扉をはめてある。それが狭い街路に向かって15近くもずらりと並んだ様子は、まるで浅草の仲見世か縁日の露店だろう。当時は、このすべての扉が全開され、威勢よく米が運び出されていたらしい。

中庭を囲むアーチは、一転してプレーンな仕上げである。オーダー装飾のない分、アーチの開く空洞の暗さが目立つ。ぼこぼこと穴の開いたシュールな感じからは、ローマのエウルを思い浮かべる人も多いに違いない。ともあれ食糧ビルは、日本のアーチ建築の王者ではなかっただろうか。

このアーチに囲まれた中庭に雪が積もっていればなあと思いつつ、連載の写真には、雪を留める車を手前に入れた中庭を使った。べちゃべちゃした道路を、屋根に郊外からの雪を乗せたままの車が疾走する。むしろ東京の雪景色にはふさわしいかもしれないと、引かれ者の小唄を決めこんだ。

11

船岡温泉
旧藤ノ森湯[現カフェ]

大正末
昭和初め

京都市

これまで目にした一番見事なタイル、張り方も含めて最も綿密に仕上がったタイル壁の撮影時間は、わずか10分だった。京都の鞍馬口に並び建つ2軒の銭湯の壁である。ひとつは"船岡温泉"で、取材許可もおり、自由な撮影ができた。そこから歩いて2、3分の、もう一方の"藤ノ森湯"の店主はかなり偏屈な御仁らしく、取材許可どころかろくに話も聞いてくれなかったと編集者が泣いていた。浴場タイルの立派さでは、どうやら群を抜いた出来らしいのだが。

京都の銭湯は、何故こんなにも凝ったつくりなのだろう。船岡温泉の脱衣場は、まるで料亭や遊廓の設えである。町家の多い京都では、銭湯は必需品に近い公共施設だ。昔から町家では内風呂を構えるものが少なく、風呂は外というのが京都人の半ば常識らしい。そのために、銭湯は町々のクラブ的な社交場と化し、驚くべき空間が開かれた。

そんな船岡温泉の豪華さを半ば呆れながら撮っている最中に、編集者が飛び込んできた。「藤ノ森湯、今から10分間だけなら撮っていいそうです」。10分、10分て何や、とにわか関西弁を口にしながら靴を突っかけてとにかく藤ノ森湯へ走った。

浴場の入口では、ちょっと掃除の手をひと休めだろうか、頑固を絵に

許された時間は、10分

描いたような親父さんが丸イスに腰かけて、じろりとひとにらみ、本当に10分しかだめそうな雰囲気である。何をどう撮ろうかなどと考えている余裕はない。ひたすら撮影マシンと化して、カメラに装着済みの超広角でまずは縦横の全景を2カットずつ、続いてアオリの広角で浴場のタイル壁の正確描写、そして望遠でディテールや洗い場と壁の重層的な奥行き感をと、計10数カットをものにした。1カット当り1分足らず、絵柄など覚えていないし、本当にこの写真自分が撮ったのだろうかという疑問すら出てきそうな、極超短時間撮影だった。

　何であれ仕事は時間との勝負だろう。撮影には、ふたつの時間への配慮が求められる。ひとつは見え方を選ぶ時刻への注意。ル・コルビュジエではないが、建築は太陽光の下ではじめて立体としての姿を現す。隣接する立面どうしの明るさの差などを見極めないと、写真で立体感を伝えるのは難しい。内部でも、床面の照りや外光の到達点など、適切な時刻を選ばなくてはならない。その意味で、撮影には、待てしばしの余裕が不可欠といえる。

　もうひとつは、もちろん全体の撮影時間で、それが十分でなければ待てしばしも何もあったものではない。幸い藤ノ森湯は、内壁全体が光を反射するタイル張りであったから明るさは十分だし、色補正のフィルター装着の必要もなかった。それにしても1カット1分、そんな撮影は、もう2度とご免こうむりたい。

12 シュミードル墓廟 | 1903年 | ブダペスト | エデン・レヒネル、ベーラ・ライタ[共作]

四脚が欲しい……

　10日あまりのウィーン滞在中、気分転換に2泊3日でブダペストまで足を伸ばしたことがある。訪ねた目的は、エデン・レヒネルのアール・ヌーヴォー諸作品を見るためだったが、本気で撮影するつもりはなかった。レヒネルの表現が、あまりにも際物に思えたからである。

　写真栄えの際立って良すぎる建築は、今さらという気がしてしまい、撮る意欲はかえって起こらないものだ。でも見てはおきたい、そんなレヒネルの作品群の中で、唯一ちゃんと撮ろうと考えていたのが、このユダヤ人の墓である。小品だから物撮りをとでも思ったか。

　ブダペストには、新旧ふたつのユダヤ人墓地があった。どちらにあるのか探すのに手間取ったが、膨大な数の墓が並ぶ墓地内では、案外速く見つけ出せた。コバルトブルーのタイルに被われた甲虫のごとき姿は群を抜いた奇抜さで、誰もが知っていたのである。

　間口2.5メートル、高さと奥行きが4メートルほどのその墓を、訪れる人はいない。ペンペン草の生えるくらいに傷んでいたし、汚れてもいた。湾曲したぶ厚いタイルが、有機体的な目地で結合されている様は、まるで仮面ライダーの未確認生命体ではないか。このブルーのタイルも、洗ってやればきっと輝かしい艶を取り戻すことだろう。傷みの激しい側面に、ガラスをはめた星が三つ並んでいる。墓に窓？そうか、レヒネルは内部も相当に力を入れてつくり込んだに違いない。この墓は、モニュメントであると同時に、空間でもある。

　開きかけた鉄製門扉から中を覗くと、床に石棺らしきものが置かれている。側面の星形明かり窓からの弱い光を反射して、天井では何かが光っている。ヴォールト状の天井は、どうやらモザイク仕上げをしてあるらしい。意を

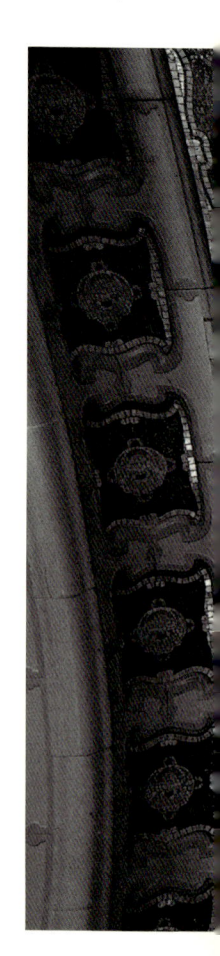

決して中へ入った。宝石をちりばめたように鮮やかなモザイク絵が、暗さに馴れた目に飛び込んできた。奇妙な果実を実らせた樹木が、妻側2枚の壁に描かれている。ビザンチンの影響か、それらイコン風なモザイク画のつくりは、傷みひとつなかった。これは間違いなく、レヒネルの想い描いた、死者の肉体が過ごす清らかなる空間である。

　いざ撮影をしようと思って、はたと困惑した。露光時間は10秒近い。三脚が必要だが、床中央には石棺がある。欧米では火葬の風習がないから、中にはこの部屋の主が今も横たわっているはずで、その石棺上にどうしたって三脚の足を乗せなくてはならない。

　3本足の三脚は、ほとんど完成されたカメラ機材のひとつだろう。斜面にも段差にも適確に対応し、カメラの水平を易々と保ってくれる。だがこの時だけは、その3本足がうらめしく思われた。四脚があれば跨げるのにと思いつつ、合掌して石棺上に足の1本を立てた。

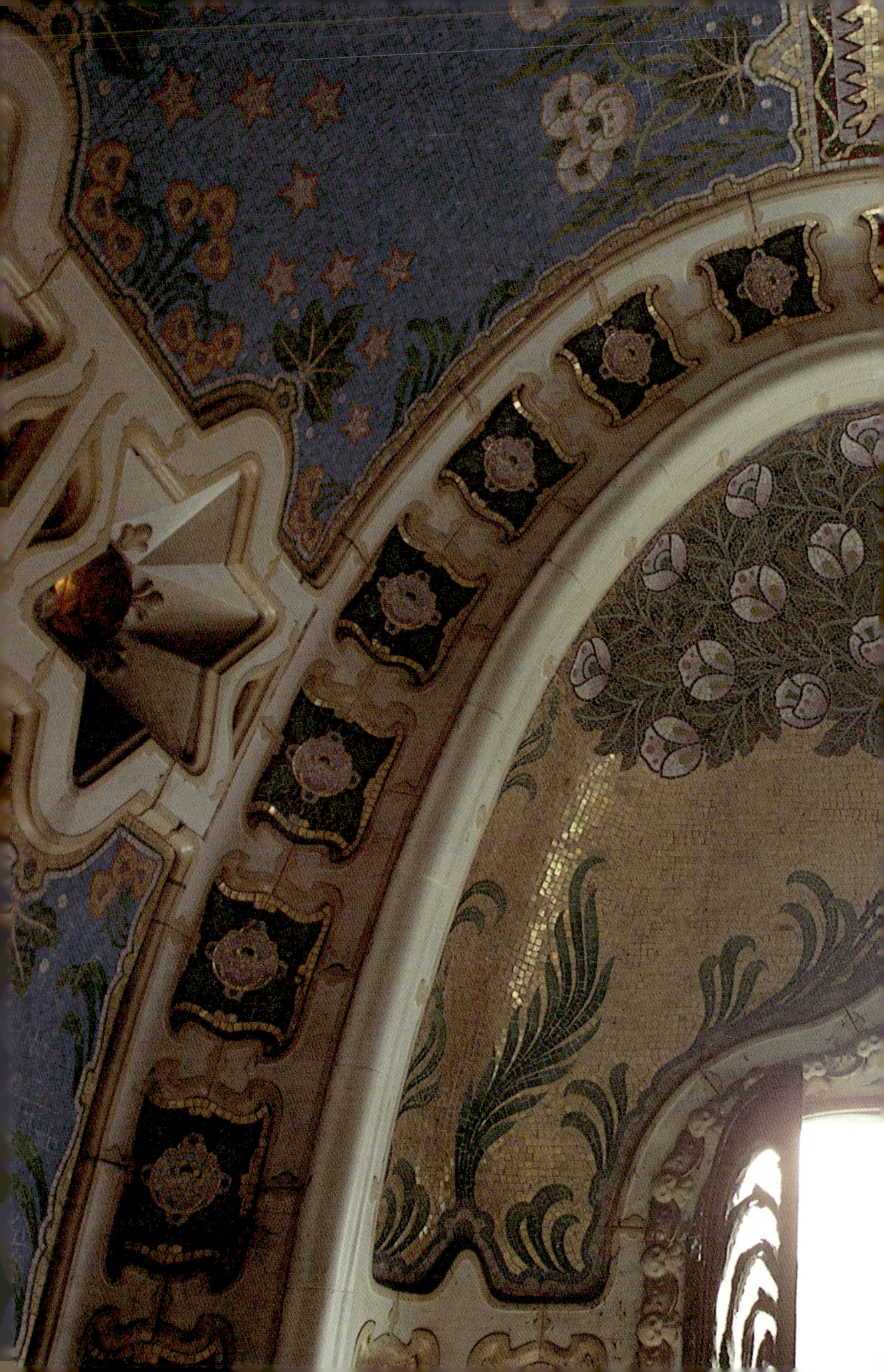

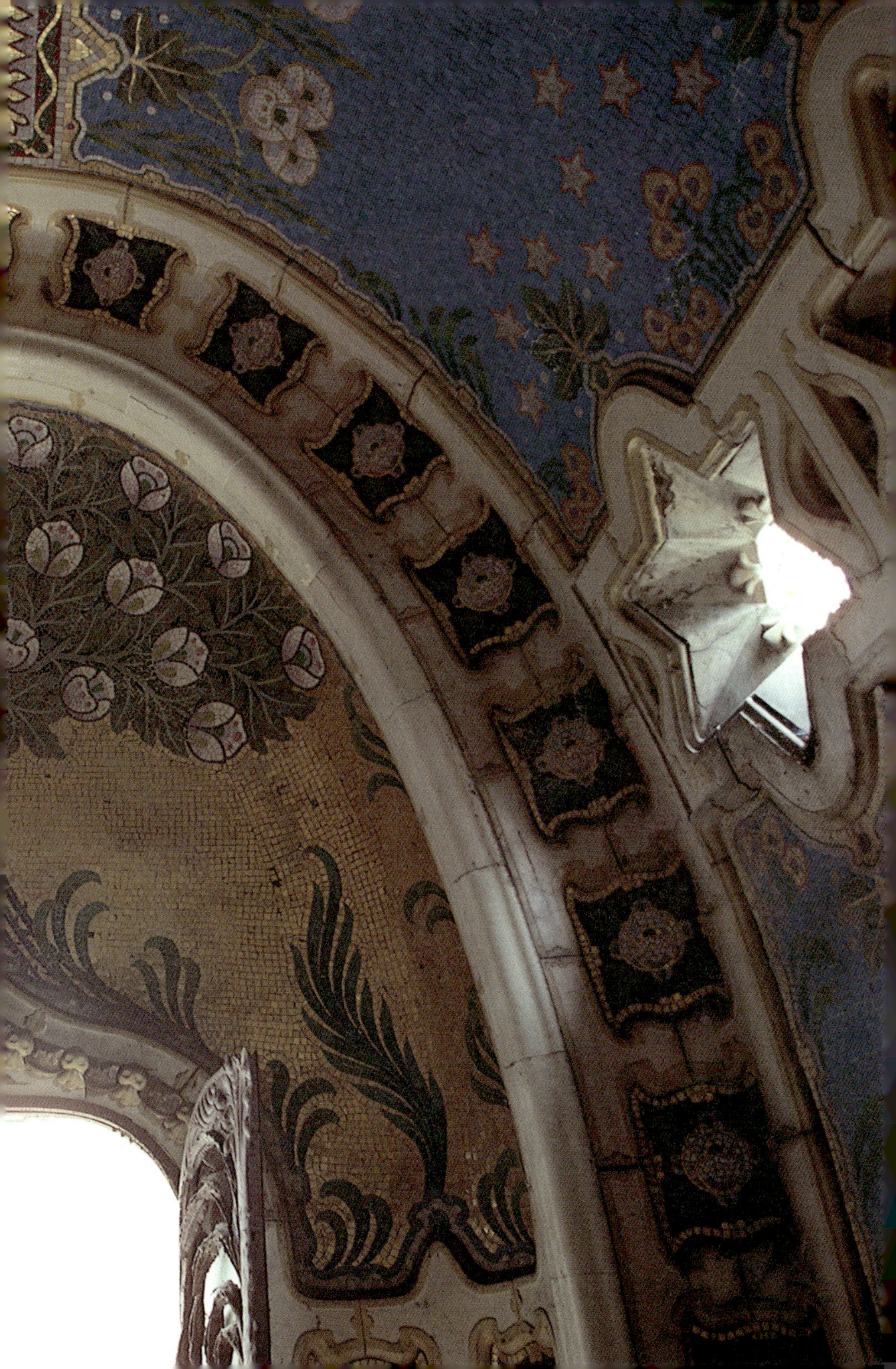

| 13 >>>>>>>>>>> | 捨児養育院
[オスペダーレ・デリ・インノチェンティ] | 1421年 | フィレンツェ | フィリッポ・
ブルネッレスキ[作] |

全天候型空間

「ブルネッレスキの捨児養育院の開放感は、遠くローマのテルミニ駅舎の正面に反映された」。やはりルネサンス美術の講義での、先生のひと言である。ルネサンス時代の建築が、現代建築へと引き継がれる。建築は何て息の長い芸術だろう。

そのブルネッレスキの建築を、アオリのレンズを持って、集中して追いかけたことがある。アオリが使えるとはいっても一眼レフのことだから、極端なアングルは狙えない。それでも立面のプロポーションが命のルネサンス建築に対しての、それなりの正確描写はできると考えた。ブルネッレスキは5尺に満たない小男だったらしい。アオリの無理がきかない分、もしかしたら、彼の目線に近い写真が撮れるかもしれない……。

捨児養育院は、フィレンツェ大聖堂から歩いて10分ほどのアヌンチ

アータ広場の一辺全体を占めている。長い9段の階段が立ち上げる基壇上に、先生の言葉通りにフル・オープンな正円アーチが九つも開いていた。アーチを架ける円柱の高さと柱間、通廊の奥行きは厳密に同じ長さで、つまりは基壇上に九つのキューブが並ぶことになる。このどこからでもどうぞといわんばかりのファサード全面ポーチ化は、今も新鮮だ。

広場の一番奥からまずはとてつもなく横長なファサード全体をおさえて、アオリ・レンズを駆使しながら、柱間3個分の横位置を、縦位置で柱間ひとつだけ、階段途中からの斜め目線と写真を拾い歩いていった。春のヨーロッパは天気がめまぐるしく変わることがある。途中でそれこそ驟雨といってよいくらいの激しい雨が降り、その後しばらくは柔らかな曇天光の下で砂岩の色合いを楽しんでいたら強烈な夕日で朱に染まるという塩梅で、ファサードの様々な表情をゲットした。同時に、全天候対応の空間性も理解できた。

このフル・オープンな感じの素晴らしさを物語る光景が、撮影している間に静かに広がっていった。雨が上がるのを待っていたか、人が三々五々集まり始め、柱間ごとにグループが自然に出来上がっていく。階段や奥の壁際に坐る若者たち、階段下に乳母車を寄せる母親たち、柱にもたれ立ち話をする一団などなど、この通廊に集う人たちとして彼らの行動は、実に幅広い。広場側から眺めていると、まるでいくつもの芝居が柱間単位で同時進行している舞台のようだった。

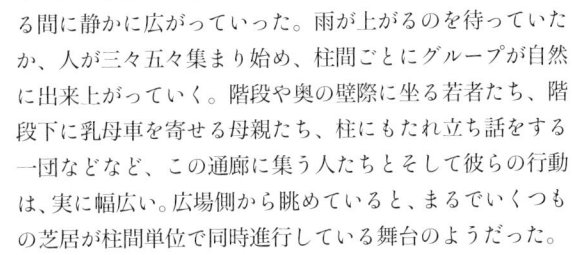

ブルネッレスキは九つのオープン・キューブを並列することで、ファサードの平面性を透視図法の一断面としての奥行きへと変えたのだが、それが期せずして舞台と同質の空間を広場へ提供することになったわけだ。人に愛され、街に愛され続ける空間とは、こういうものを指すのだろう。

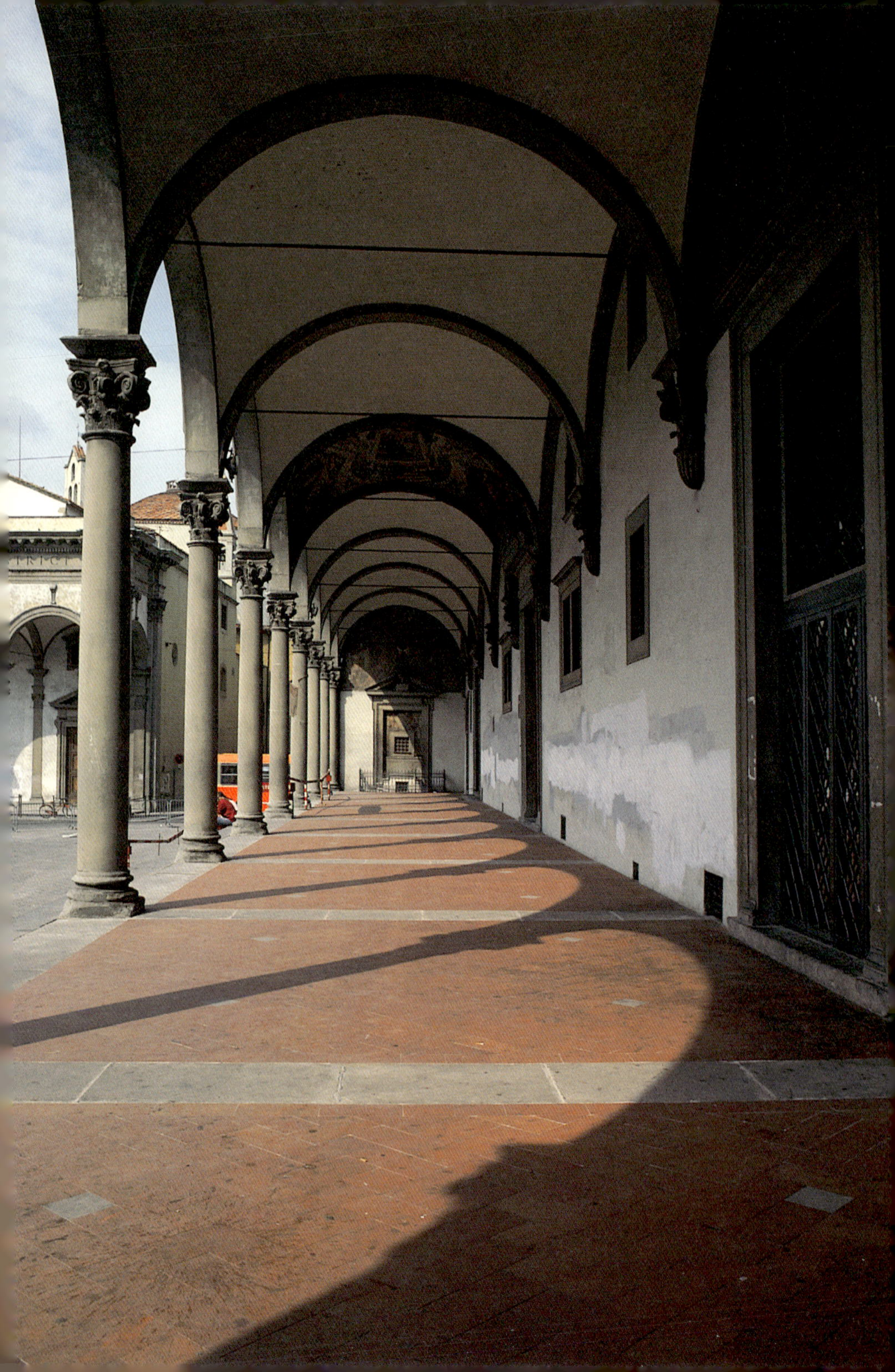

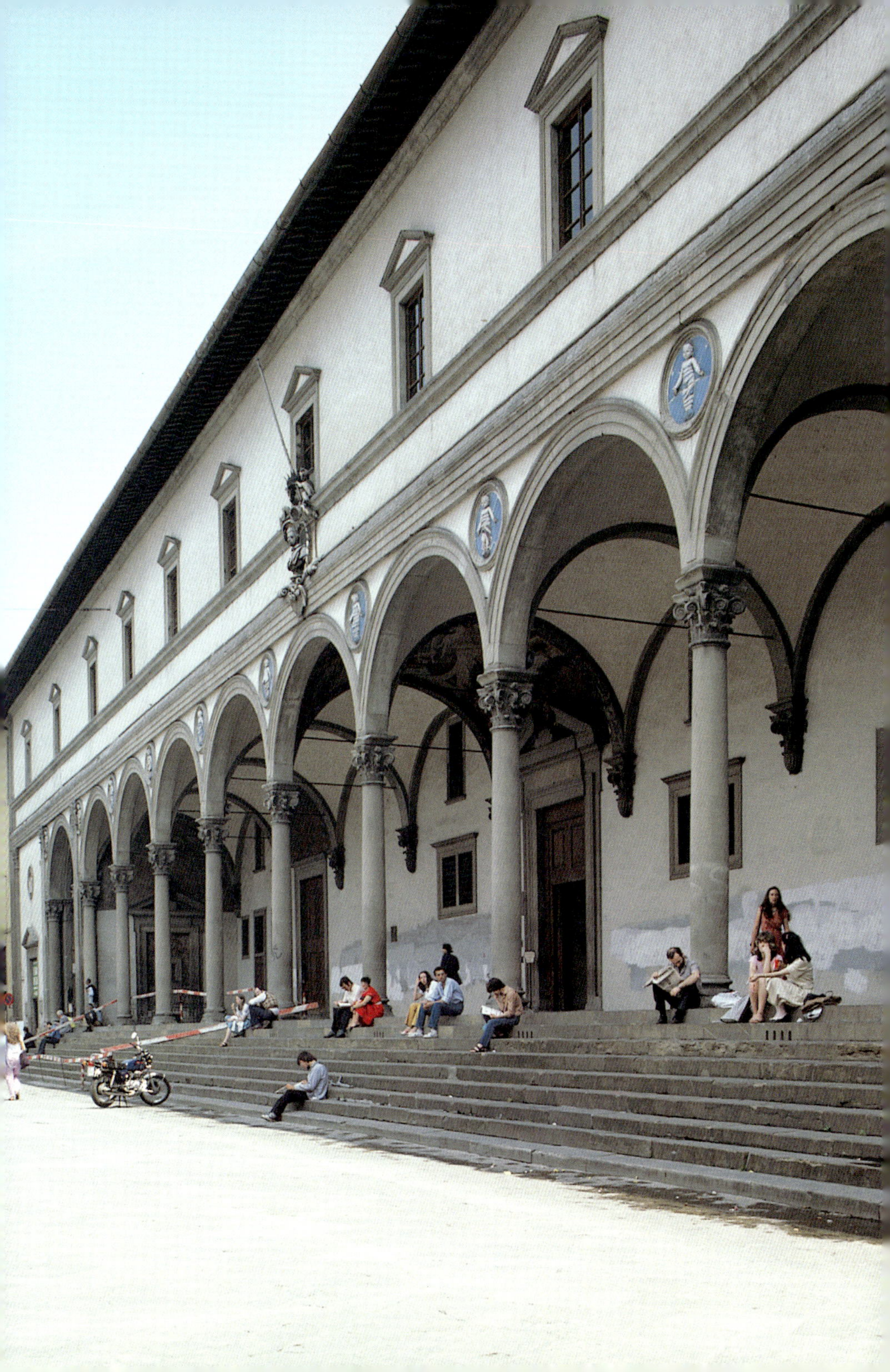

14 早稲田大学旧図書館 [現会津八一記念館]　1925年 [大正14年]　東京都新宿区　今井兼次[作]

レンズの、弱点

　写真は単眼で空間を読み取った結果だから、そのパースペクティブは一点消失になる。強調されるといえば聞こえは良いが、実際の空間以上に、奥行き感はいつでも強まってしまう。実物より広く見えるね。写真を見ている人たちはしばしばそうささやく。だが、写真で空間を広く見せることはできない。広さの表現は、レンズの画角で容赦なく決まる。奥行き方向が深く見える特性を利用して、かつ手前の床と天井を加えることで空間を大きく見せているのである。

　だから、パースをつけた作品に出喰わすと、レンズはもうお手上げ同然。以前、六角鬼丈さんや石山修武さんの、パースのある部屋を撮影したことがあり、どうカメラを構えても、末広がりの室内が普通の矩形空間に見えてしまうのに閉口した。反対側からは、尖りすぎた空間がファインダーに現れる。写真の無力さを痛感しながら、なおシャッターを切った苦い経験だった。

　建築家として独立したばかりの今井兼次が手がけた早稲田大学の旧図書館には、逆パースをつけた造形物が登場する。現場で職人に指示を出し続けてつくらせたという、1階エントランス・ホールを開く6本の円柱がそれである。ドイツ表現主義を彷彿させる幾分か絞り込まれた暗めの通廊とは対照的に、どっと解放されたホール。最初の一瞥では、林立する円柱の胴回りの白が鮮やかに目に飛び込んでくる。次に柱頭に仕組まれた照明の赤い光に目がいく。そうして全体を見ると、何と巨大なろうそくではないか。ろうそく、書物、勉学。ガストン・バシュラールの世界が、今井の想い描く図書館の空間性だった。

　その巨大ろうそく柱は、天井に向かってかなりの角度で太っていく。凝りに凝ったという柱頭は三段仕立てで、一段目はがく、二段目は開かんとする花弁、最後に雄しべと雌しべが天井へ伸びる。それら細工をアップで撮影するのは何の問題もないが、肝心の柱本体はどう見せたらよいのだろう。先太り

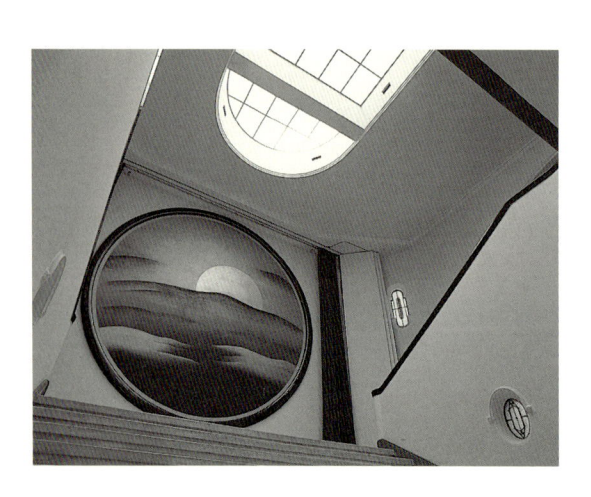

の様子をきちっと写真でおさえるには、カメラを常に水平に構えて動き回るしかない。

　広い空間に独立して立つ柱は、写真を撮る大切な契機と思っている。立つ位置をめぐって、見上げたり見下ろしたり、奥を覗いてみたりと、レンズのピント奥行きの表現を駆使しながら、空間の広がり感を追うことができる。しかしそれは柱の太さが同じである場合の話だ。レンズのパースペクティブが、柱本来の形を誤って捉えるようなら、それほど自由な動きは許されまい。結局この図書館では、柱があくまでも垂直に立つ構図を探し続けた。特異な形の柱の背景に何が覗け、何が隠れるのかを慎重に選びながら写真を撮っていった。

15 サン・ドニ修道院教会堂　1140年　パリ郊外

個人取材の壁と自由

　ヨーロッパの建築は、個人取材と決めている。依頼仕事を受ければ随分と金銭面は楽になるのだが、自分のペースで動けない。また失敗は絶対許されないしと、あれこれ考えてそう決めた。

　何年か前、久しぶりにパリを訪ねた。その時は初期RC構造のアパートを追うのと、パサージュ探訪が目的だった。メトロに乗って、路線図を何とはなく見た。その路線図に"サン・ドニ（バシリーク）"と書かれていることに気づいた。そうか、あのゴシックのステンドグラス空間の原点、サン・ドニまでこのまま乗っていけば着く。そう思ったとたん、予定のパサージュを止めて、サン・ドニへ行きたくなった。個人取材の、特権だ。

　教会堂内部の撮影では三脚の使用は禁止の場合が多い。原点とされるステンドグラスの撮影で三脚が使えないのでは困る。不安を抱きつつも、とにかく日照の条件が良いうちに外観を撮った。そしてあえて係の人の目につき易いように、そのまま三脚をかついで身廊へ入った。

　身廊と西正面の建設時期は、比較的遅いかもしれない。バラ窓の意匠が、あの素朴なシャルトルに比べて技巧的、華麗でさえあるように思えたからだ。これは修道院付属の教会堂としてシュジェールが1140年に献堂した、その最初のステンドグラスではないだろう。何しろ急拠予定を変えて来たものだから、下調べすらできていない。いったいどこにオリジナルの絵ガラスがと、困惑しながら堂内を見回すと、後陣側が鉄柵で仕切られているのが見えた。門扉の脇に、入場料を払う受け付けがある。どうやら最も古い部分は、後陣らしい。はたして三脚は持ち込めるのか、またまた不安がよぎったが、ここでも注意を受けなかった。そして暗い後陣でひと際目にとまった聖母子の祭壇にレンズを向けて、背後のステンドグラスを撮った。この純朴な絵ガラスがシュジェールの時代、神である光を宿す聖母マリアとして想い描かれた、900年前のステンドグラスのひとつであるはずだ……。

　ステンドグラスは長時間露光を要求する代表だ。しかも絵柄が光を捉える姿を写す必要があり、半逆光気味の撮影となる。フィルムの相反則不規を考えると、露出計の出た目、計測値の何倍もの光を溜めなくてはならない。いわば、フィルムをカメラの内部でステンドグラス化させるのである。

　欲をいえば900年前の色ガラスの味も撮れると良い。不均一な厚み、よれや気泡や色の斑、そうした質感までも写すとなると再撮は不可欠だし、ひょっとしたら薄いライティングもありか……、でも今回はそんな高望みはできない。ともかくも突然の予定変更ではあったが、ゴシックの原点のステンドグラスの幾枚かをものにしたことで、満足々々。

第2章 >>> 機材と段どり

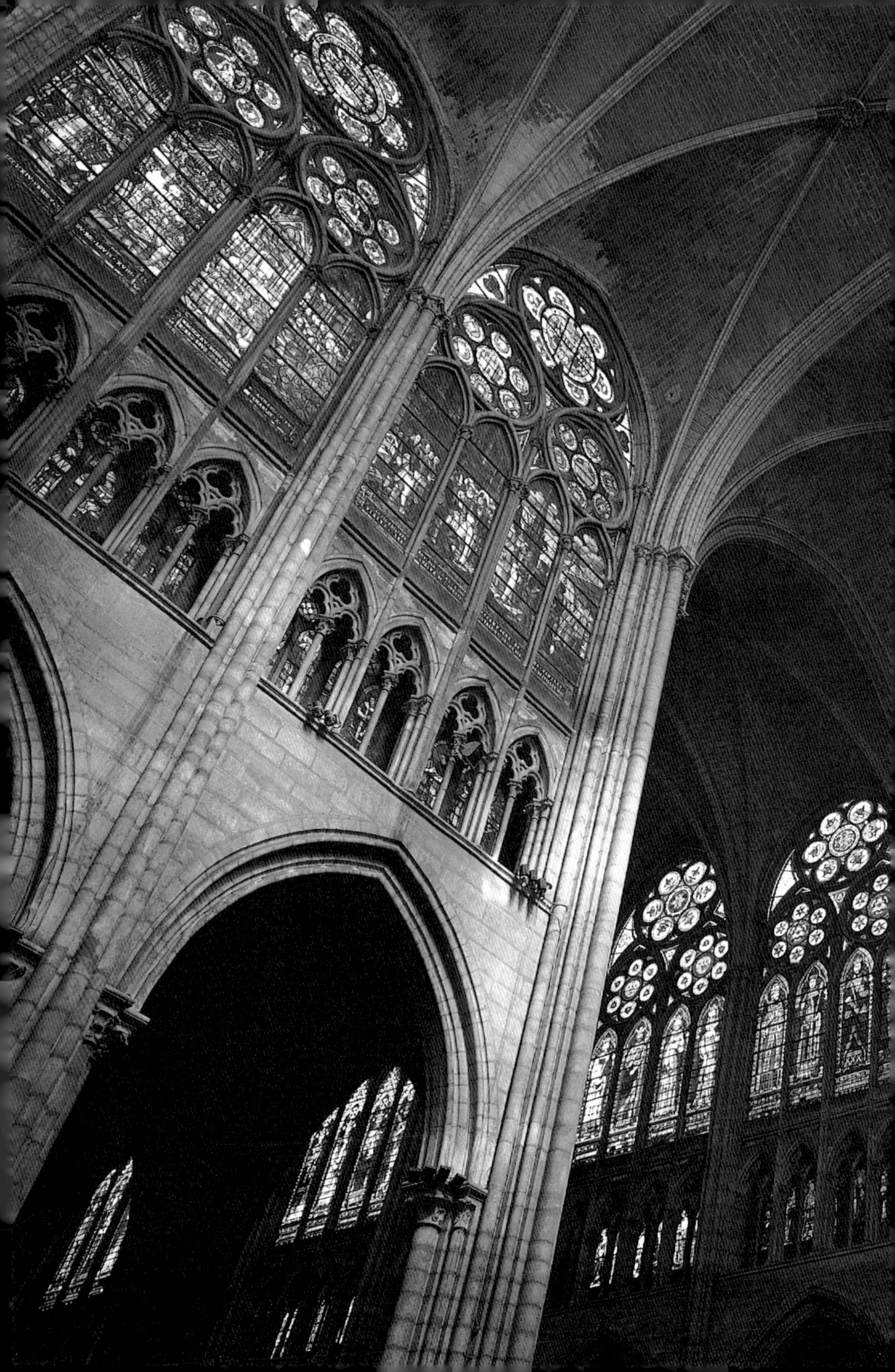

16 ヴィラ・ワーグナーⅡ　1912年　ウィーン　オットー・ワーグナー[作]

3分の1は、片付け

演出だとは思っていないが、撮影に片付けはつきものだ。外回りではベンチ、傘立て、自転車、鉢植えやゴミ容器などを徹底して隠す。内部は大変で、すべてを片付けるのは無理。畢竟写真写りの悪い物やパースを大きく阻害する物を選んで整えていく。目視で気にならなかった物でも、ファインダー越しでは気障りに感じられる物も多く、取材時間の3分の1は確実にこの片付け作業に費やされてしまう。まったく、いらいらする。

片付けをする、整える目は、写真家の目とは違うもののような気がしてならない。写真家は、現実を、できるかぎりあるがままの姿で写し伝えたいと願う。一方建築写真に求められるものは、施主の手の加わった現実ではなく、建築家のデザインした空間の現実で、そこに許される変化は時間の蓄積のみだろう。その空間の理想と施主の実生活とのギャップに、ある種強烈なリアリティが生まれ写真家としての興味をかき立てることも確かである。

婦人雑誌の取材では、スタイリストがトラックいっぱいの家具や緑を持ち込んで、室内風景のいっさいをつくり込んで撮影するという話を耳にした。とにかく自分には演出する目などないから、施主に遠慮しながら、服を脱がして、建築の、空間の歳月を経た肉体を直視できたと感じるまでは、片付けをする。

中に、片付けをせずに撮影できた家がいくつかある。その1軒が、ヴィラ・ワーグナーⅡである。非公開ながらもその取材許可が運良くおりた。訪ねる3日前に電話連絡しておいたので、ある程度は家人が整頓してくれたのだとは思う。

外観がいやにコンパクトに見えるのは、周辺風景のスケールゆえだろうか。広い前面道路、隣家なし、背後には深々とした緑のゆるやかな丘が広がっていく。そんな風景の中にポツンと完全直方体の家が1軒置か

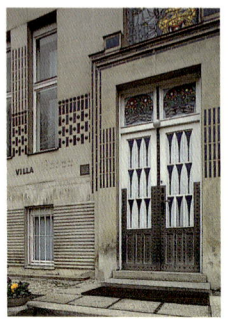

れているものだから、まるで模型、ジオラマだ。ところが実際の内部は、相当に広い。1階の道路に面したサロンは、天井高が3メートル以上もあり、また奥中央に配された白大理石張りの暖炉が豆粒ほどに見える距離がある。

その暖炉と天井から下がる4基の球体照明の形状だけは、ワーグナーのデザインを保っている。けれども住み手があつらえたホフマンのデザインしたテーブル家具一式といい、壁面を埋める書架の様、窓を隠す長い白いカーテンや大型鉢植えなど、どれもが自分の目にはこの空間に初めからあるもののように見えた。

いくら写真を良くするためとはいえ、片付けは、やはり家人に対するとんでもない失礼だろう。そんなうしろめたさを感じることもなく撮影を楽しみ、没頭できた数少ない住宅であった。

第3章

建築は、写真を語る
空間を撮ってわかる、写真の特性

　写真で建築を撮ることは、ひとつの建築批評をなすことである。同時に被写体である建築は、まるで鏡のように、写真の様々なことを語りかけてくる。批評するものが、逆に対象によって批評されてもいることは、写真ひとりに限ったことではない。

　写真の場合、建築を写すと特にそれを強く意識せざるを得ないのは、何故だろう。おそらく建築が、建築家であれ名も知れぬ職人であれ、古来最も精度の高い、かつ人の生み出しうる最大級の造形物であり続けているからではないだろうか。建築はいつも、人よりも高く垂直に立ち、水平の線に画されている。この当たり前の事実ひとつでさえ、確実に批評として写真を襲う。この柱や梁は何故傾いて写っているのか、壁や天井がそっくり返って見えるではないかと、構図の詰めを怠った写真は、そこに明確な表現意図が読めないかぎり直ちに、違う、の烙印を押される。

　建築がずっと遠くにあるように見えたり、部屋がとんでもない大きさに感じられる写真もまた、空間を伝える映像としては不適格だ。ひとえにレンズという単眼の視野に起因する、不自然な世界描写である。望遠レンズによる極端な奥行きの圧縮や鮮明なフォーカス・インも、目視とはまるで異なる像を生む。

　あるいはフィルムや撮像素子は、目視ほどには明暗のグラデーションを弁別できない。窓から覗いていた庭の景色は、白く飛んで光の固まりのようにしか写らない。相手の建築は、何にも増して肉眼の捉える明暗のニュアンスを大事と考えて空間を開いているのだ。それを正確に写し取ることは、今の写真にはできない。

　建築を被写体に選んだ時、他のどんな物に対してよりも強く、これら写真という映像メディアの特性は浮き彫りにされる。何故あんなにもきれいだった庭のバラが写っていないのだろう、見えていたはずの軒下の重厚な彫刻が黒くつぶれてしまった、手前の柱が大きくボケているという落胆は、実は失敗ではなく、写真の特性限界を越えた期待を抱いていたゆえの反応にすぎない。むしろ建築というまたとない被写体が明らかにしてくれる、写真の限界と、だからこその可能性とを探ってみたいと思う。そしてそれを表現力として楽しみたい。建築を撮る醍醐味のひとつが、そこに潜んでいる。

17 ギャルリー・ヴィヴィエンヌ　1828年　パリ

道を写す、困難

　ルーブル美術館前で画商を営むフランス人の友人に誘われて、初めてパサージュを歩いたのは1983年の春だった。彼が「君は芸術的な建築ばかり見ていて、本当のパリの良さを知らない。ちょっと私に付き合え」といい出し、半ば強引に2時間余の散歩に連れ出された。それがパサージュ巡りだった。

　その時訪ね歩いた店々は、骨董屋と古本屋ばかりで、散歩と称しながらも彼はぬかりなく商売をしていたのだ。一方、当時の私には、古びたパサージュのおもしろさに頭が回るはずはなかった。ただ車の通らない静けさに安堵し、天井全面から降り下りる光で影すら落ちない路面を見ては、フワフワした別の街を歩いているような気がした。

　1990年代に入ると、そのパサージュがにわかにクローズアップされた。バブル経済の崩壊と軌を一にして、東京では佃島や谷中の路地への関心が高まり、パリではパサージュに目が向けられ始める。そしてベンヤミンのパサージュ論を貫く都市の"遊民"という認識が再評価され、パサージュ熱へ拍車をかけた。

　都市の路地裏空間が、人の心を癒し始める時代を迎えたのである。

　パサージュがガラス天井のホール空間の原点だということはずっと気になっていた。イタリアやスペインの中庭の再現とも解せる郵便貯金局などのホール空間もまた、影の出ない、柔和な拡散光に満たされている。それは建築の内部に外部を呼び込む試みであり、都市の隙間道を、道の性格を保ったままガラス天井1枚を架けることで、ものの見事に内部化してしまったパサージュに、手法としては端を発していよう。

　実際にカメラをかついでパサージュを歩いてみると、思いの外その撮影は難しかった。街路に代表される都市空間を撮る場合、最も注意すべきは人の様子だろう。歩く人や立ち話をする人たちをどうフレームに採り込むかで、写真の印象はまるで変わる。ベンヤミンが遊民の概念をつかんだパサージュでは、なおさらだ。ファインダーを覗いた。道幅が数メートルのパサージュでは、人はカメラに向かって直進してくるか、離れていくかの2通りしかない。明るいとはいえ、人の歩みを止めるほどの速いシャッターは切れない。向かってくる人のブレ具合は予測不可能で、かといって遠ざかる後ろ姿ばかりでは何とも淋しい。

　結局T字路の古本屋の店先にたむろする人たちを拾いながら、正面に伸びる光の通廊を捉えることにした。そして同じ構図で何カットも撮った。中に、光の小径から現れては消える人影や古いポストカードをあさる人たちの優しい姿があった。パリの遊民を確かに撮ったと思える1枚である。

BRUNO
La Crêperie Glacier

ACHAT DE LIVRES
LIBRAIRIE PAUL VULIN

L'EGYPTE

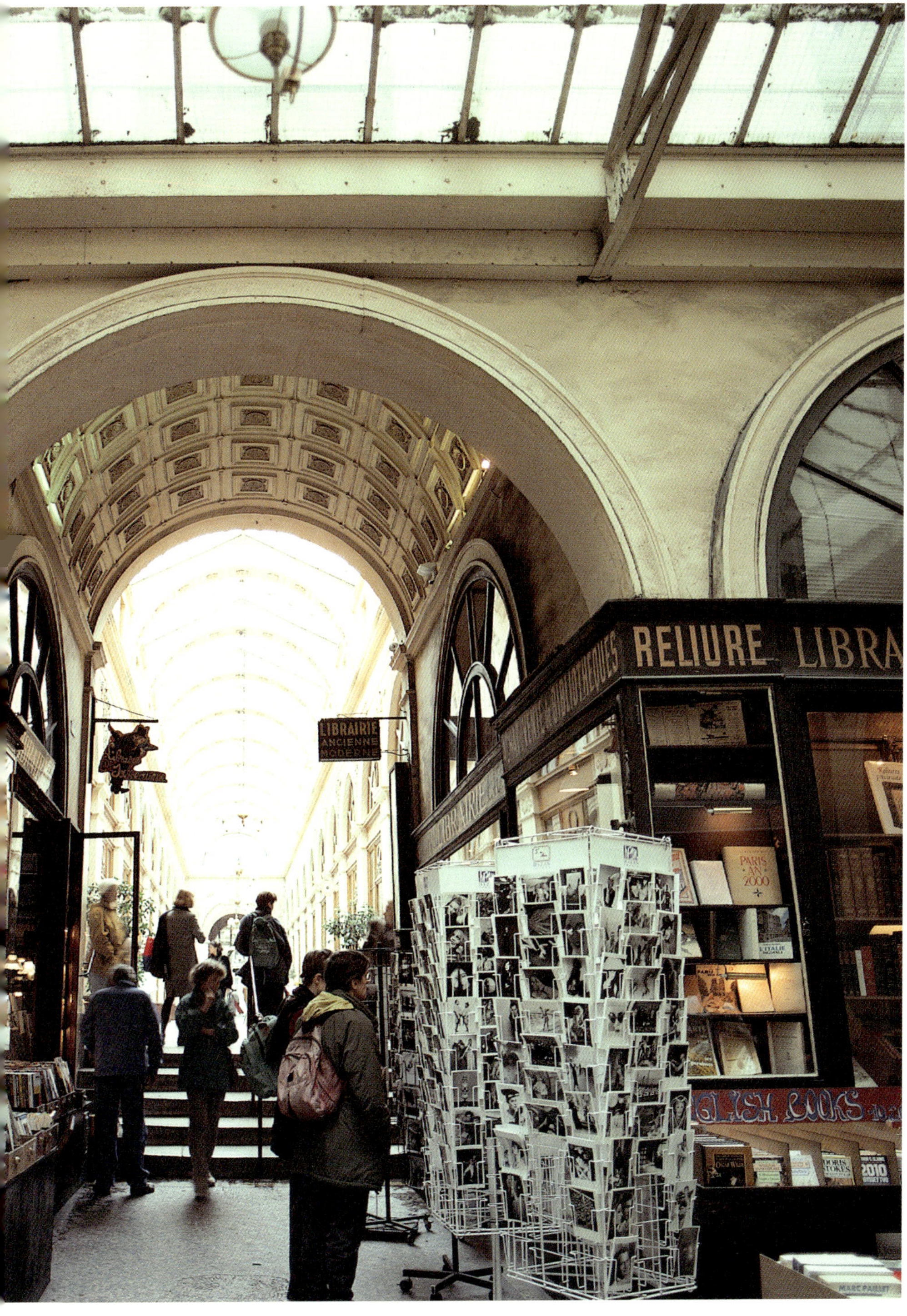
RELIURE LIBRA
LIBRAIRIE
ANCIENNE
MODERNE
PARIS
AN
2000

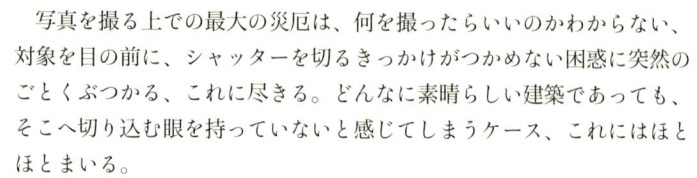

18 旧秩父セメント第2工場　1956年[昭和31年]　秩父市　谷口吉郎[作]

廃屋は、写真美なり

　写真を撮る上での最大の災厄は、何を撮ったらいいのかわからない、対象を目の前に、シャッターを切るきっかけがつかめない困惑に突然のごとくぶつかる、これに尽きる。どんなに素晴らしい建築であっても、そこへ切り込む眼を持っていないと感じてしまうケース、これにはほとほとまいる。

　そんな時に、写欲が湧かないといって撮らずに帰れれば、どんなに幸せか。しかし仕事である以上、撮らねばならない。しかも鑑賞に耐えうる映像に仕上げなくては、意味がない。鈴木博之さんや藤森照信さんの元へ飛んでいって、どこをどう撮ったらいいのでしょうと、激しくお伺いしたい気分になる。

　ところがである。悪いことは重なるもので、私がこの最大の困難に遭遇した谷口吉郎の旧秩父セメントの工場の取材は、時期は別々ながらも、そのお二人との仕事であった。私の眼を信頼して下さってか、いつもお二方とも何もおっしゃらない。いわば自由な撮影が許されている。だから今さらおさえ所などうかがえるわけもない。とにかく工場建築の名作と建築家の誰もが断言する工場を、困惑モードを気どられぬようにしながら撮り始めた。その写真が、お二方の原稿に役立ったか否か、わからない。何しろ撮っている本人がわかっていないのだ。しかしその時、写真とは撮るという身体行動そのものなのだとつくづく思った。何枚かシャッターを切っていくうちに、対象は理解できなくとも撮ること、ファインダーを覗くことのおもしろさが、つまりは写欲が確かに湧いてくるのである。

　改めて気づいたことがふたつあった。ひとつは、あれだけ広大な敷地にある建築の全景を撮ろうとすると、その距離感からして、広角よりはむしろ80ミリ程度の短かめの望遠レンズの方が、見た印象に近いパースを描き出してくれるという点だった。

　もうひとつは、写真は、廃屋に美を発見するメディアであること。敷地内には、もう10年以上も使われなくなった建築もある。そこでは動いていないアナログ・メーター付きの操作盤の背後に、RCの柱梁構造が無言の空間を開いている。巨

大な空洞に、見た目は殺伐とした寂寥感しか覚えない。そこら中に落ちたハトやツバメのふん、打ち捨てたままの材料や工具の山。しかしそれらを写真に納めると、そこに深い奥行き感と、光と闇の強いコントラストが加わり、美というベールが不動の空間や物たちを包むように思われた。
　廃墟をテーマに写真を撮る人も多い。かつて美を誇っていたものが崩れゆくプロセス、そこここにある時の推移を刻む遺物、それが写真というメディアに掠めとられると、とたんに美へと昇華するのは何故だろう。物を美しく見せる。そしてその傷みや汚れさえ、きれいに撮り伝えてしまうメディア、そんな写真のポジティブ一辺倒な表現性を、廃屋の沈黙した構造にレンズを向けながら考えていた。

第3章 >>> 建築は、写真を語る

19 浅草の映画館
[ROXY、トキワ座、東京クラブ]　1931年[昭和6年]　現存せず 東京都台東区　松成建築事務所[作]

セピア色は、死語

　この浅草の映画館を撮影したのは、1986年の暮れであった。正月準備か、外観がきれいに洗われていた。城郭様式、ゼセッション、表現主義と、三者三様のファサード・デザインで仕上げられた、今でいうシネマコンプレックスの走りかと思ったが、実は内部でつながった1棟3館の建築だという。

　改めてその写真を並べて眺めてみた。ははあっ浅草松竹では『男はつらいよ』か、東京クラブは『キングコング』だったんだと、ファサードのデザイン以上に、むしろついでに写り込んでしまった情報へ目が向いてしまう。道往く人や駐輪自転車の列、抜けるような青空。師走の浅草の、その日常のひとコマが、鮮やかすぎるほどに刻印されている。この写真には、時間性が記録されていないのではあるまいか……。

　セピア色の、という言葉が、昔の写真を眺める時に枕詞のように思い浮かぶのは、何故だろう。思い出、過ぎ去った時間、それらが情報として写真に残されているからだろうか。人の服装、自動車、建築などは、確かに古いデザインであることが記録されている。だがセピア色というくらいだから、物である写真自体が年相応に劣化している、人はまずそこに昔を感じるのではあるまいか。カラー写真でいうと、黄版がすっ飛んでしまってマゼンタ色ばかりが目立つ変質である。写真そのものが、時間を堆積している。

　30年前に建築写真を撮り始めて以来、私はコダ・クロームを愛用してきた。コダ・クロームこそは50年くらいではまず褪色の起きない、わずかに黄版が薄れる程度の、いわば劣化とは無縁な唯一のカラー・リバーサル・フィルムである。それはそれでいいのだが、一方で、過去がいつまでもピカピカな映像として眼前に現れる、その過去の現在感をどう考えたらよいのか。写真が、それこそセピア色がかって、美しい追憶を呼んでくれるのではなく、散らかったゴミをいつまでも生々しく再現する、完全に近い記録媒体と化していることになる。もはや現存しない映画館前の光景が、つい昨日の姿かと見えてしまうように、写真が過去へのパースを描き出すのではなく、過ぎ去っていく時間の一断面を、永遠に現在として並列させていく……。

　今では、コダ・クロームどころの話ではない。デジタル写真の普及によって、皆が不変の写真を撮り始めてしまっている。デジタル処理された映像は半永久的に劣化しない。これまで人類は、古びることのない記録媒体というものを手にしたことがない。その意味を、しっかりと考える間もないうちに、人がいつまでもピカピカな昔をモニターに映し出して、気軽に楽しむ時代に突入してしまった。

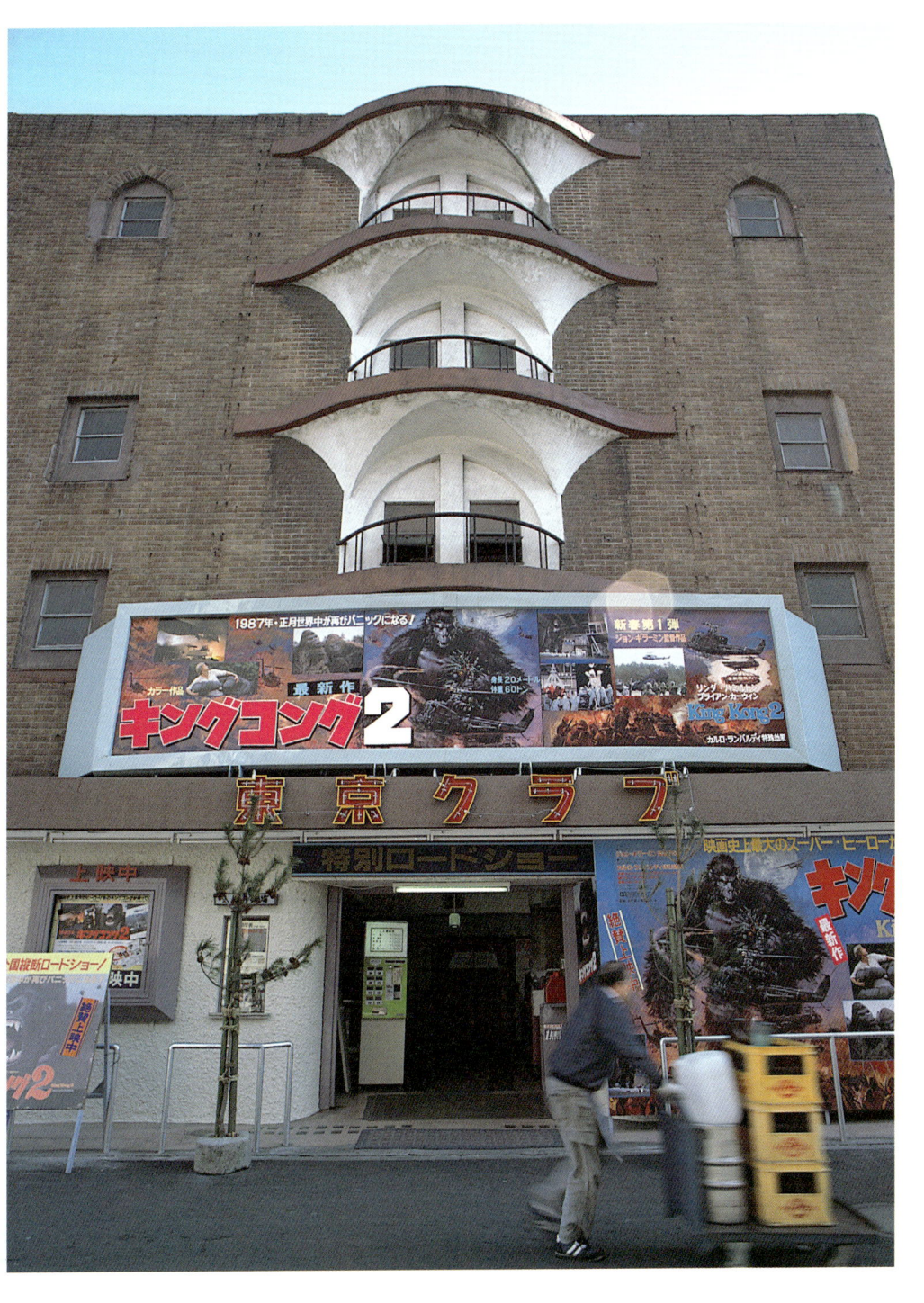

063 | 第3章 >>> 建築は、写真を語る

| 20 | 戎橋プランタン
大阪そごう | 1963年[昭和38年]
1936年[昭和11年] | ともに現存せず
大阪市 | 村野藤吾[作] |

伝わるか、素材性

アクリル・チューブだろうか、それともガラスか。写真からは、不明だ。なんだ、お前は撮っていて素材も確認しないのかとしかられそうだが、見ることで満足しきって、他は気にならないことが多い。とにかく透明素材を階段手摺りに使った戎橋プランタンの白いインテリアが、とても今の感覚に近いことに目を疑った。2階席のテーブル天板や仕切りに用いられたぶ厚い湾曲透明板は、DPG的センスで留めてある。

その時は、2軒のプランタンと大阪そごうを1日で撮影した。この3

者のインテリアを一気に撮って回ると、時代判断が前後にブレまくる妙な気分にさせられる。そごうが1936年、心斎橋プランタンが56年、そして戎橋は63年である。えっ、そごうはそんな昔なの、心斎橋こそ戦前じゃないの、戎橋が60年代なんて、信じられない。

　現代ならばレトロなインテリアを狙うなど、確信犯的に時間を操作するデザインは、十分にありうる。築後50年という十分すぎる時間を蓄えて生きる心斎橋プランタンは、しかし自分の眼にはそれ以上に古い味を持っているように映る。村野藤吾は、20世紀のど真中を真っ直ぐ前を向いて歩き続けた建築家である。レトロ志向のかけらすら持ち合わせていなかったであろう。当時の最新喫茶店のインテリアに、古さを演出しようなどこれっぽちも思わなかったはずだ。

　ところで竣工当初、戎橋はプラスターの白いインテリアが大変な話題となったらしい。その白壁に刻まれた縦縞を透明な手摺りがレンズのように映し込み、その存在をより際立たせているからおもしろい。支柱は、ステンレスだろうか。仕上がりが金属とは思えないくらいに、ふわっとした感じ。バルーンのような白い照明も加わって、インテリアはどこまでも軽く、そして柔らかい。こんな優しさを、アスプルンドの裁判所で受けた覚えがある。村野は、はたしてアスプルンドを意識していたのであろうか。

　一方のそごうでは、エントランスのガラス欄間のエッチングが素晴らしい。ポワレやディオールの時代のスタイル画を想わせる農夫が、巨大なブドウの総を運んでいる。それが切れ味鋭いエッチングで見事に浮き上がり、戦前ノリタケのティー・カップを見ているような、まさに欧風センスの香りを放つ。そんなアール・デコの逸品が客を迎えるかと思えば、1952年の改修時の作品か、奥の大階段には、鉄棒をくもの巣状に自在に曲げた手摺りが現れる。この細工、店内のどの方向をバックに見るかで印象が千変万化する。ぶ厚く白塗りして豊満さを出す手法は村野好みだろうが、留め具のあしらいなど機知に富んで、ガウディに匹敵するほどだ。

　村野ディテールの宝庫でもあるそごうと戎橋プランタン、ともに失われてしまった。手元の写真に、美しさだけでなく素材性や細工の技まで記録されていれば良いのだが……。

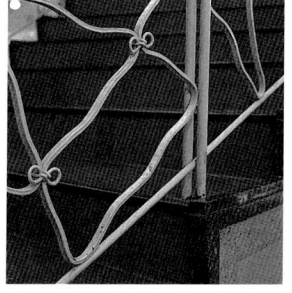

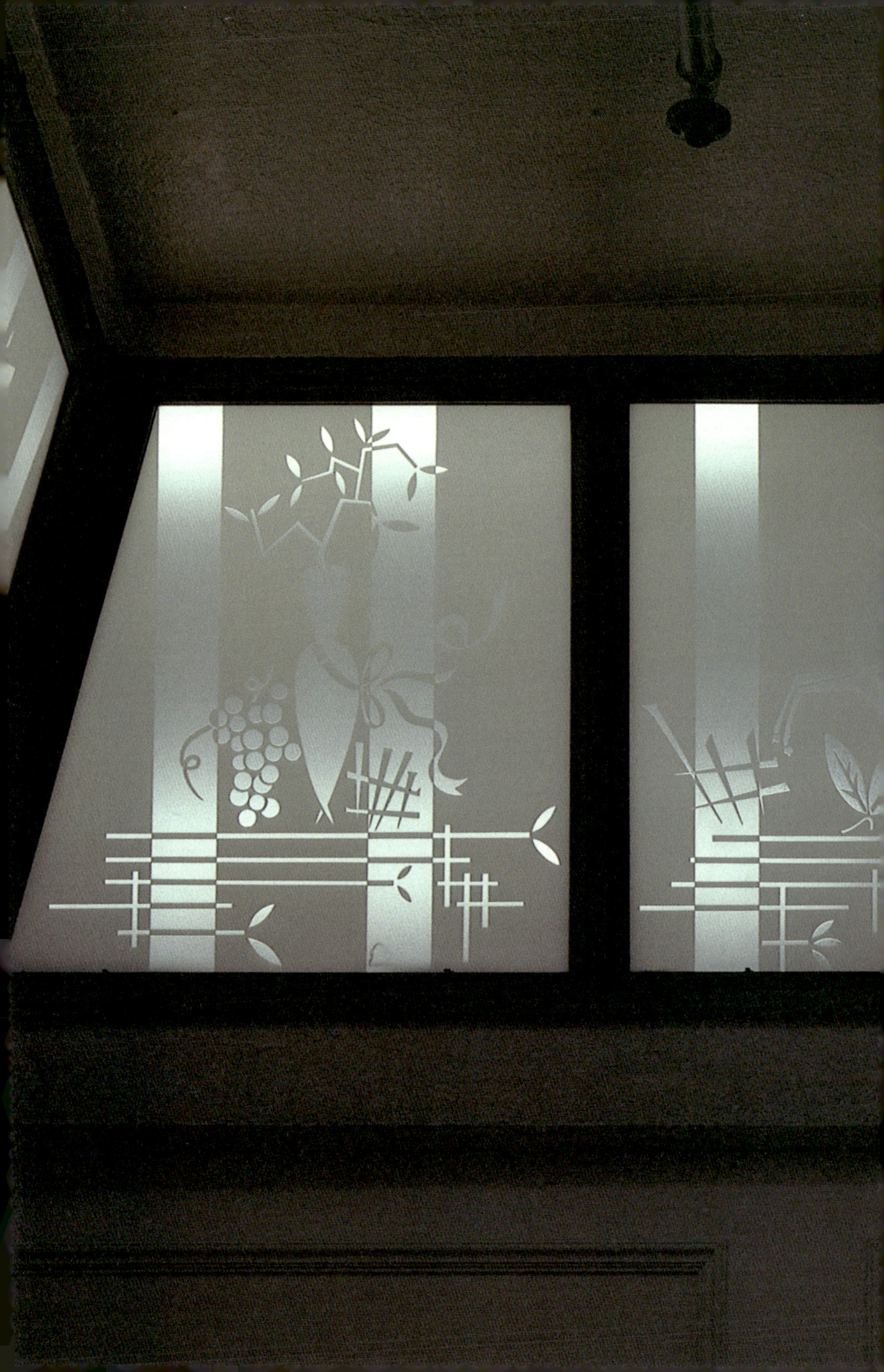

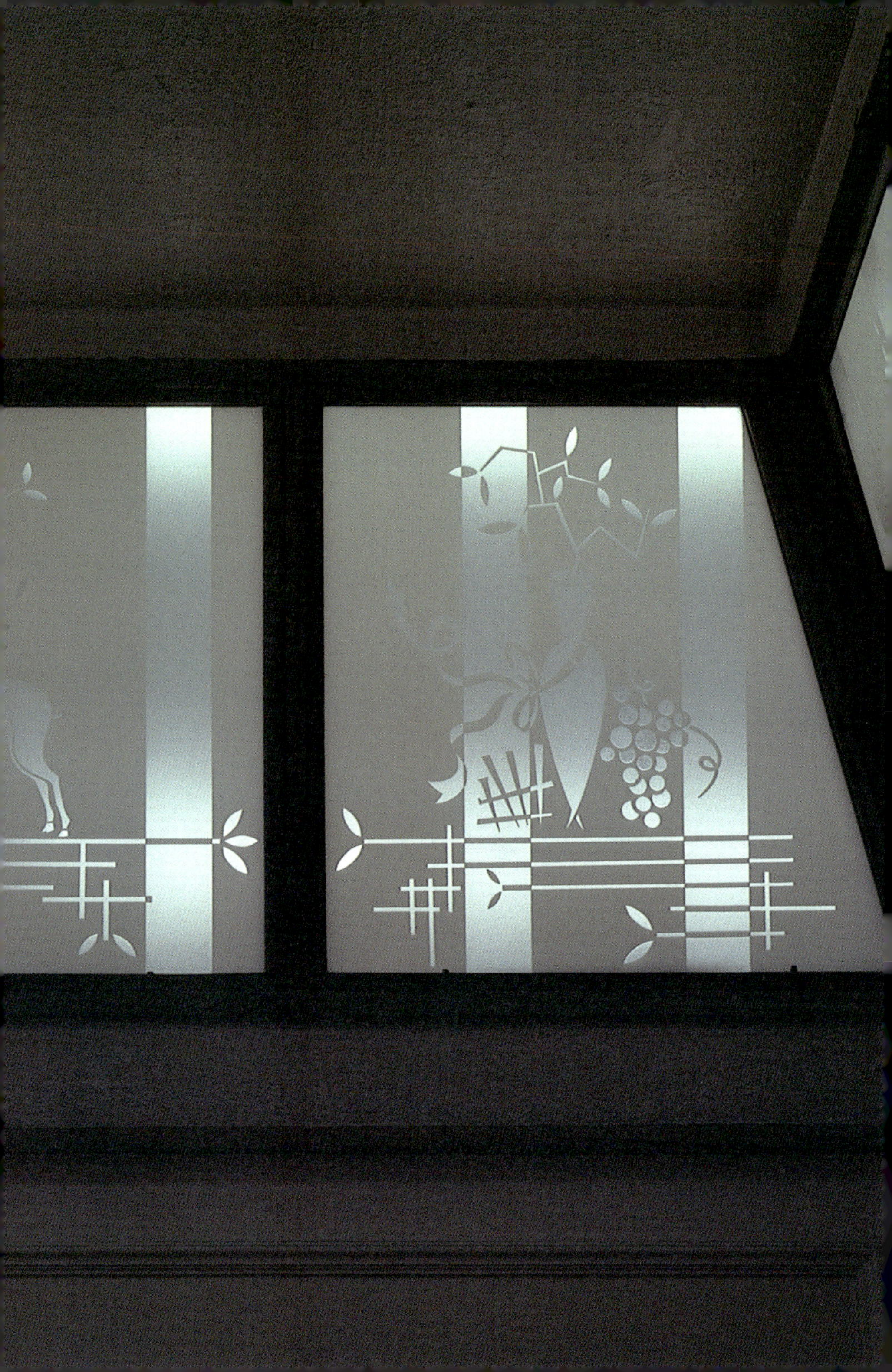

21 商船三井ビル 1922年[大正11年] 神戸市 渡辺 節[作]

写せないもの

　写真は、視覚情報を記録するメディアである。だから感知する目以外からの情報は、写真には写らない。一方、その不可視なもの、音、風、香りなどを総動員して、建築空間は五感に訴えかけてくる。ひとつの個別化された環境をつくるのだからその環境全体に、視覚以外の感覚も揺り動かされ、私たちは空間を認識する。

　写真を撮りながらいつも感じている環境状態というと、まず暑さ寒さである。季節による違いもあれば、ひとつの空間内で驚くほどの差を感じることもある。

　渡辺節の商船三井ビルを訪ねた。その時はまだ船舶会社のオフィスとして活動していた。巨大な吹き放ちとされた1階フロアーは、どこまでもゆったりと膨れ広がる天井下に、理想的、贅沢にすぎる執務空間が生み出されているように思われた。立ち上がる2本の太い円柱に、開ききらぬ花のような形で蛍光灯が装着され、照明が十分かつ華やぎのある明るさをもたらしている。さらには高窓からも光が落ち、気持ちの良さも加わる。その照明越しに、ぐるりとこの執務スペースをめぐるギャラリーが見えた。吹き放ちだから、普通にいう3階ぐらいはある。さっそく上がらせてもらった。

　想像すらしていなかった暑さが、そのギャラリーで待ち受けていた。窓からの日射しもさることながら、何十本と林立する蛍光灯の発する熱が、天井近くに溜まっているのだ。澱んだ空気の暑さは、決して気持ちの良いものではない。電気照明が普及する以前の劇場の天井桟敷は、巨大なろうそくシャンデリアの炎が発する熱で、灼熱地獄と化していたらしい。そんなことを思い出しながらも、しかし上からの眺めは壮観の一語で、夢中になってシャッターを切った。そしてその写真からは、案の

定感じていた不快感は、気ほども読み取れない。

　空間デザインが攻撃されるのは、いつもこうした実用感覚からである。暑いの寒いの、歩きづらい、疲れるetc。用と美のふたつの側面を合わせ持つ建築という芸術への、用の面からの攻撃には、厳しいものがあるだろう。だが実用感覚など何ほどのものかとも考えてみたくなる。しょせんは人によって異なる実感は、美よりもさらにあやふやなものではあるまいか。商船三井ビルのギャラリーは、役員たちが執務状況を視察する場所であったのだろう。お偉いさんが一時歩くだけの空間が少々暑かろうとも、大切なのはオフィスの快適な広がりと明るさ。渡辺節、村野藤吾の師弟コンビはそう断を下して、ひたすら美しさを求めてこの吹き放ちをデザインしたのだ。

22 パイミオのサナトリウム　1933年　トゥルク郊外[フィンランド]　アルヴァ・アアルト[作]

純粋平面複写

キャンティレバーには、夢がいっぱい詰まっていると思う。初めてこの言葉を聞いたのは、25年前、グラスゴー美術学校を訪ねた折だった。案内をしてくれた建築科の教授が、塔然と立ち上がる西正面の頂部背後にすうっと伸び出た小温室を指差し「世界で最も早いキャンティレバーのひとつ」といった。鉄筋コンクリートの薄板が空中に、というよりは天に差し出されていた。既に表現までも込められたそのアクロバティックな形態は、深く印象に刻まれた。

その後ヨーロッパの初期モダニズム作品をどんどん訪ね歩いたが、キャンティレバーは、当時の建築家たちをとても強く魅し続けたようだ。オランダのダウカーのゾンネストラールの病院などは、さながら天秤柱の林で、突き出た梁先からガラスのカーテンを吊り下げた格好の外観を呈している。アーチとの類似性に気づいた。左右から石やレンガを迫り出しながら、頂部のキーストンで両者を閉じ結ぶアーチ。その一方がなくてもよい、組積造にとっては夢の構造、それがキャンティレバーだったのではあるまいか。

そのキャンティレバーがもたらした外観表現のひとつに、水平連続窓がある。張り出した床にレンガやブロックの添え積み壁を立て細長い窓を挟む。カーテンウォールよりは地味だが、造形性という点では逆にデザインの才が光る形だろう。

アアルトのパイミオのサナトリウムに、モダニズム時代屈指の美しさと思われる水平連続窓が登場する。エントランス・アプローチに面した病室棟通廊の窓である。細く端から端まで一直線に伸びる窓を6層に渡って重ね上げている。その細さに加え、伸びを遮る柱がどこにも見当たらないために、空を映した青いガラス面が縞に見える。新幹線を、縦積みにでもしたような外壁だ。

この美しさを伝えるには、どう撮影したものか。斜めから見通すと、パースがついて解説的、散文的な写真になってしまう。それを避けるには、真正面から純粋平面として切り取るしかない。

建築の立面を、全体を入れずに切り取るのは恣意的であるからこそ、大変に難しい。6層に積み上げられた窓の何層まで入れれば、ストライプ模様に見えるか。空はどうするか。サッシ何枚分の幅が良いのか……。ちょっとでも違和感を覚えたらポジションを変えてまた正確に真正面を割り出しては構え直すという、選択の連続になった。不思議にも、この時は念のためカットがいっさいなく、水平連続窓の平面複写写真はたった1枚しかない。現場で右往左往し悩みぬいたことは覚えている。満足しきった構図だったんだと思いたい。

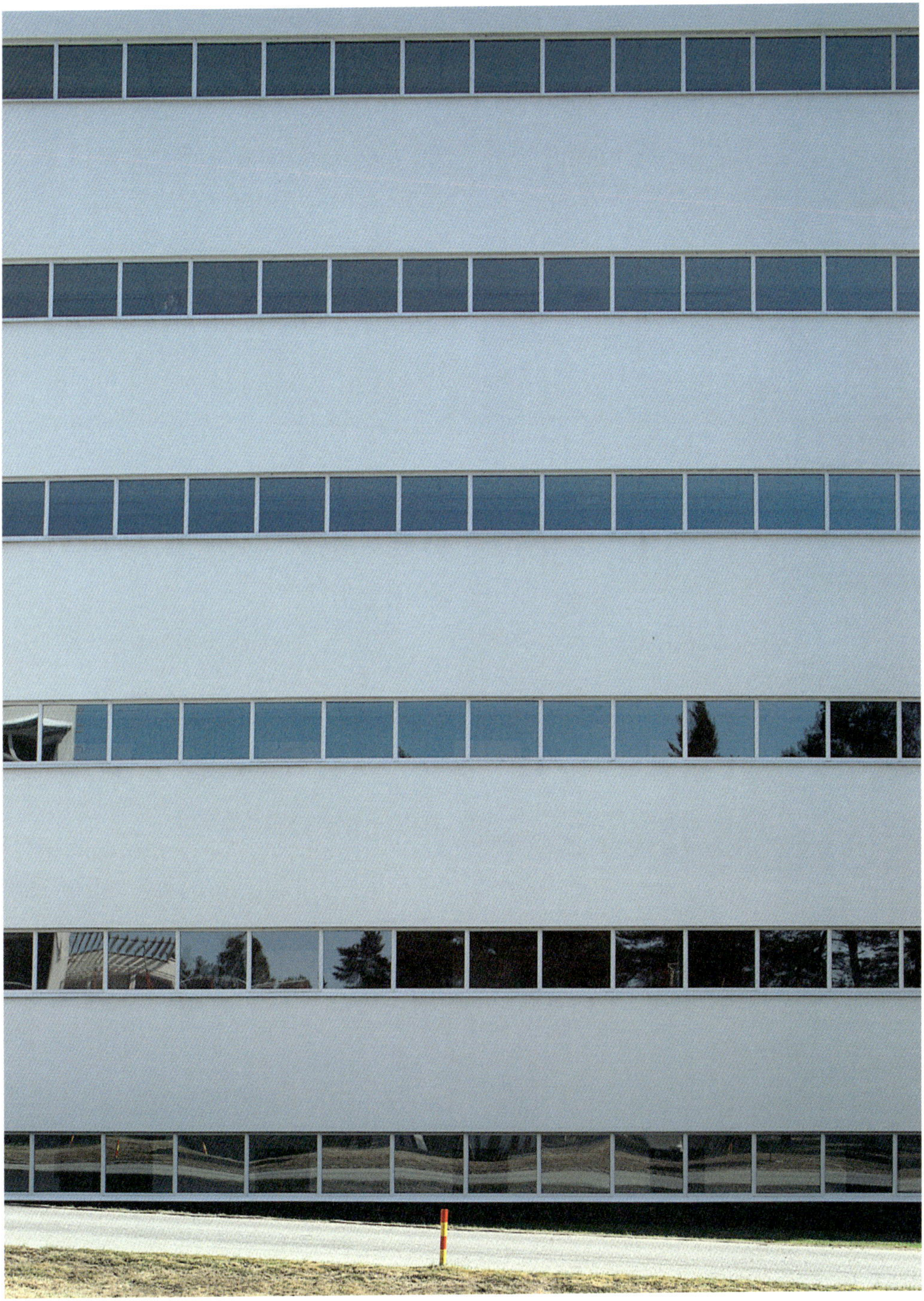

| 23 | 日土小学校 | 1958年[昭和33年] | 八幡浜市 | 松村正恒[作] |

目の自然、カメラの自然

　正方形写真の二眼レフやハッセルを除くと、カメラを横にするか縦に構えるかは、写真構図の基本だ。建築探訪の撮影指導をすることがある。初心者は、最初の写真のほとんどを横位置に上げてくる。

　人の視覚は、横への広がりが大きい。ために映画のスクリーンは2対1の比率にまで細長くなった。目の筋肉も横移動の方がスムーズとくれば、どうやら人は、映画と同じ2対1くらいの視野の広がりで世界を見ているのではないか。だからカメラを覗く時も、意識しなければ自然に横位置になるわけだ。

　写真は、生の視覚とは別の映像を提供してこそ表現になると考えてみる。するとまずは縦位置構図がカメラにとっての自然な姿、表現の第一歩となるだろう。見上げるのに、目だけでは足りずたいていは首を動かす。そんな狭い縦方向の視野を存分に入れつつ、180度ある横への広がりを思いっきり絞り込んで世界を切り取るのは確かに気分がいい。見えている世界を素直に写し取る横と、表現性から切り取る縦。ところが現実はいつも散文的で即物的である。細長いヘビのような外観の建築に出会って、はたして縦の表現構図が選べるかといわれると、へたをすると蛮行、これは相当に勇気のいる判断になる。

　木造の小学校校舎としては例外的に、近代建築の重要作品扱いされる日土小学校は、校庭の長辺側全体を塀のように画す、横一直線の2階建て校舎である。いくら何でもその全景を縦位置に納めようとする人はいないだろう。ここは素直に左、中、右の3方向から横位置で全景を撮って、まずは内部の撮影を先行させる。広々とした廊下を明るくする北側全面の木建て窓がいい。それが教室側の窓と相まって内部を理想的な光でサンドイッチしている様に感心した。そういえば

教室と廊下の隔壁下には通風用の、子供ならば十分にくぐり抜けられる大きさの、楽しげな引き戸がついていた。階段は勾配が途轍もなくゆるやかな、遊び場然としたひと巡りの螺旋である。
　横長空間ばかりでない内部では、カメラは自然と横と縦の混じったアングルになっていく。ディテールを狙う時には、切り取ろうとする意識が鮮明となり、むしろ縦位置が多くなる。自分の視野とカメラ・フレームとの関係をことさら意識することもなく、撮影は快調に進んだ。帰り際に隣接する体育館のテラスから、校舎全体を見渡した。木建てながらも、窓たちが全面ガラス張りファサードを見事なまでに構成していた。スペインのラ・コルーニャの海岸に並ぶ、木造ガラス張りの家並みを思い出しながら、縦位置で、その素晴らしさを1枚だけおさえてみた。

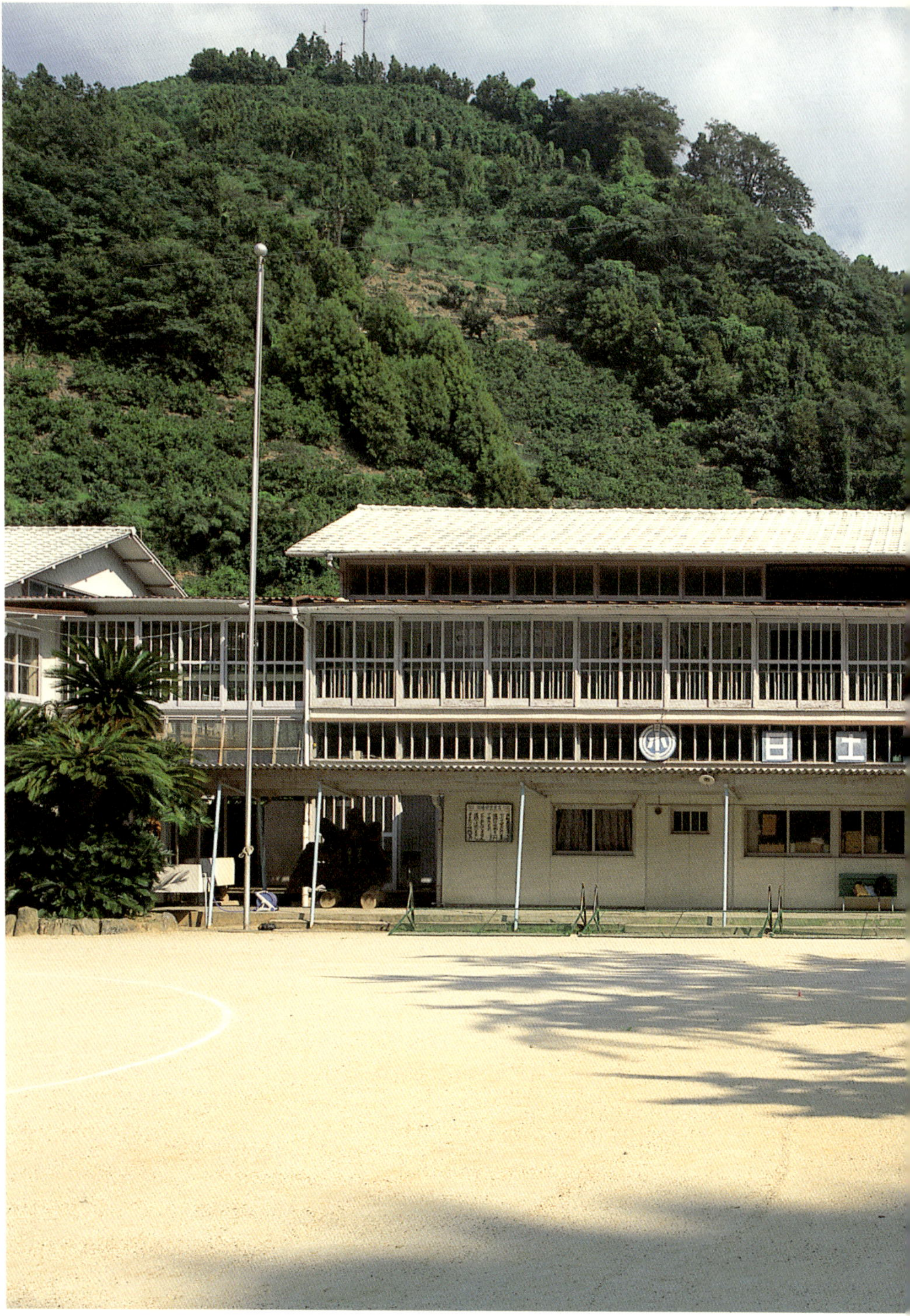

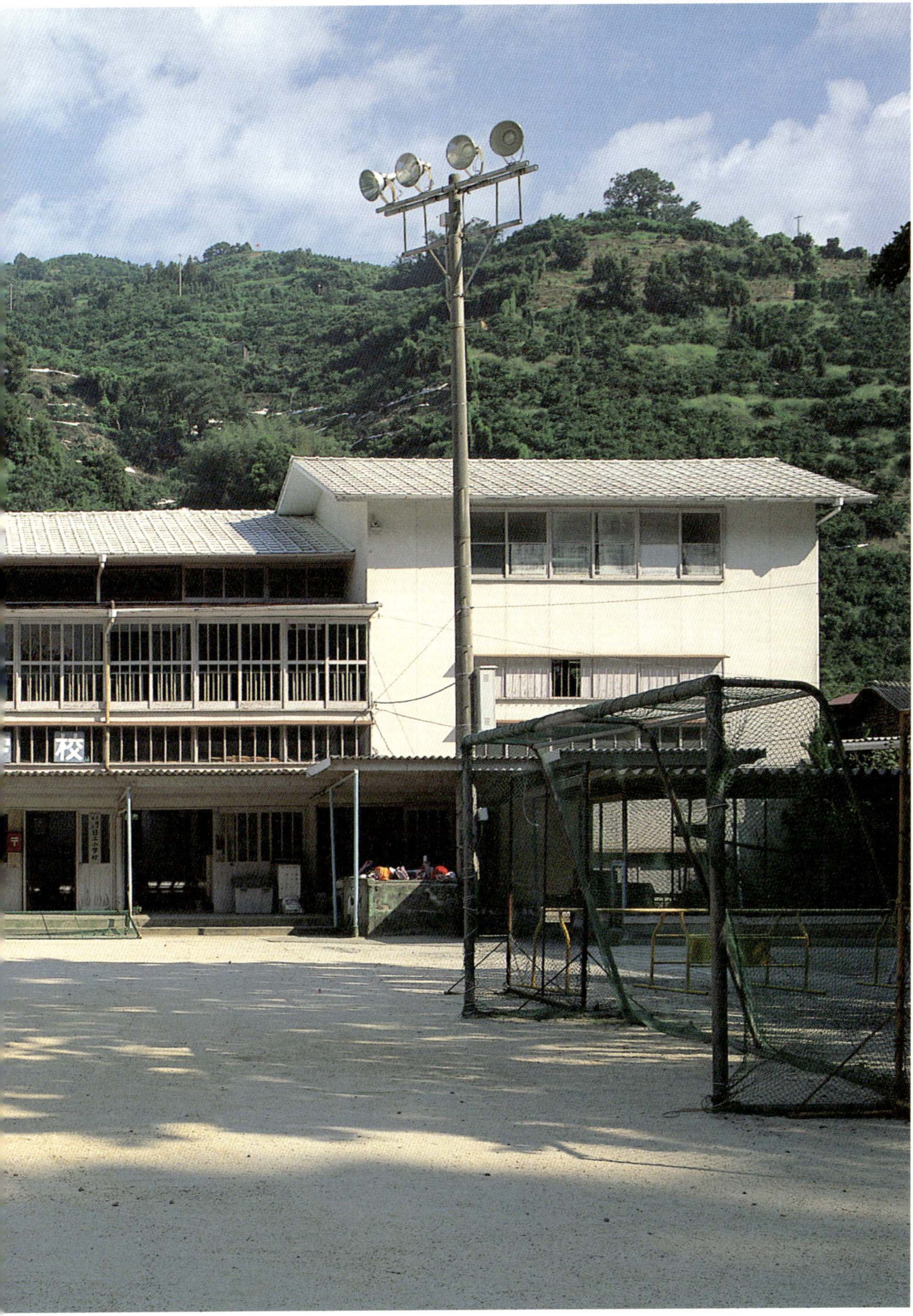
校

24 大学セミナーハウス本館　1965年[昭和40年]　八王子市　吉阪隆正[作]

無力化された、写真力

四角錐を逆さにして、地面へ埋め込んだ形。吉阪隆正の大学セミナーハウス本館は、聞きしに勝る勢いで空に脹れ上がっていた。外壁の反り返りは尋常でなく、谷川岳のオーバーハングでももう少しゆるいのではと、岩登りなどしたこともない頭に、とんでもない連想が浮かぶ始末。

カメラは単眼、一点消失のパースペクティブで世界を切り取る。そこに多少の誇張が生まれるにしろ、空間のありようは概ね正確に伝えられる。そのカメラの最も苦手な相手が、逆パースを描く空間である。ここでの吉阪は、その苦手を外観全体で表現してしまった。

まずは空に向かって迫り広がっていく全体の、できるかぎり力動的な描写をする。それからそのど迫力をと考えたのだが、いずれもが写真化されることを拒む嫌な予感がした。あらかじめレンズを目いっぱいアオっておいて、ファインダーを覗きながら少しずつ建築から後ずさりしてみた。あまりに離れては、粗々しい力の備わった形が普通の静物写真に納まってしまう。可能なかぎりファインダー目いっぱいで、力の感じ取れる全体を写したかった。ところがバック途中で、生い繁った枝が視界を遮り始める。方向を変えてみた。今度はアプローチの路肩まで下がっても全体が入らない。自分得意の、下からどんと超広角レンズで見上げる手はあるか。無駄と思いつつあちこちから覗いて見たが、案の定、逆パースの力強さはきれいさっぱりと消え失せた。途方にくれるばかりである。
　写真ならではの表現力、写真力とは、突き詰めればクレッシェンド、強調にある。奥行きはより深く、暗さはさらに暗く、見た目を正確な映像と考えるならば、失われる正確さの代わりに、見た印象の一点をどんと強調し、奥行きや暗さやフォーカスをクローズアップさせることだ。その写真力を無意味と化す建築というものが、世の中にはあるのだ。
　吉阪隆正は『住居学』の中で、住居は結局「福は内、鬼は外。そして一種のフィルターとなる」と書いている。力のある魅力的なひと言だ。建築に限らず、この言葉はまずは人の心理の核を見透かす。ひょっとしたら、社会あるいは国家というものの本質さえ射程に捉え得るかもしれない。そんな途轍もないことを考えていた建築家の代表作を目の前にしての困惑。
　あきらめ半分でファインダーを覗きながらいろいろと考えた。マルセイユのユニテとの相関性。吉阪はその建設時期にル・コルビュジエに師事している。妻側から見ると何とも不格好な、マルセイユの短足がに股ピロティの、しかし大地に楔のごとく突き差さり躯体を力のかぎり支えんとする表現、それにこの四角錐の逆立ちが重なる。「大樹の下に木は育たぬ」と師の元を吉阪は辞したと、建築家の中田清兵衛さんは教えてくれた。ル・コルビュジエの作品は、大変に写真の納まりがいい。吉阪のこの御し難い作品を前に、はたして大樹はどちらやらと考え込んでしまった。

077 ｜ 第3章 >>> 建築は、写真を語る

| 25 | シュレーダー邸 — I | 1924年 | ユトレヒト | ヘーリット・トーマス・リートフェルト[作] |

ちまちまが、大事

シュレーダー邸は、外観撮影の容易な建築の筆頭だ。

3階建てレンガ造のテラスハウスと背面壁を共有する2階建てのシュレーダー邸の外観は、3面となる。それが直交する道路に面してあるから、引きは十分すぎるほどとれる。また2、3メートルの前庭を設けているが、人が跨げるくらいに低い囲いが立つだけである。近づいても、庭や外観の隠れる恐れはない。要するに、この住宅の前に立つ誰もが、全景写真をいとも簡単にものにできるのである。

だがそうして易々とものにできるそれら全景写真のどれにも違いが出るはずなのである。時刻、天候、季節そして機材の相違を除いてもなお、微妙な違いは見出せる。

ひとつは、後年増築された、階段のスカイライトを兼ねた小さな屋階を入れるか否か。これはもっぱら撮影者がどのくらい離れて見た時に、良しこれが全景だと構図に納得するかによる。また目線の高さによって、ファサードの立体感は、強まりもすれば弱くもなる。シュレーダー邸では、三つの立面がともにバルコニーを張り出している。軒を兼ねたその下面の奥行き感は、カメラを低く構えるほど強くなっていく。一方あまりに低い目線は、幅広の木建てサッシで構成されたやや深めの窓周辺の立体感を、逆に薄めてしまう。

想像するに、この住宅の外観全景の撮影をした写真家の誰もが、こうした最後の詰めに頭を悩ましていることだろう。ちまちましたことを気にするんだなあ、写真家は。だがこの小さな注意の総和こそ大切で、有名すぎるシュレーダー邸といえども改めて建築家を挑発する写真が撮れると信じている。もしお手元にこの住宅の本が何冊かあったら、写真を見比べていただきたい。

かく大見栄を切った手前、どうだこれが私のシュレーダー邸だと、撮影は全景写真1点だけにしたいところなのだが、一眼レフだからなあとつい弱気になる。操作性は抜群なので、角度や距離を変えて全景10カットを撮るのに、小1時間もあれば十分で、興味は直ちにディテールへと向く。外観ではスクリーン然とした塗装壁が立つのみで、素材感や造り込み具合といった注目点はあまりない。けれどもディ

テールを言葉通りに、部分、と考えると、シンプルな直線と平面そして色彩の構成であるだけに、切り取り方は無限に近い。後は体力、撮るぞという気力、フィルム量のいずれかが尽きるまでの格闘となった。

　そろそろ疲れが溜まってきた頃だった。白髪をひっつめにしたシュレーダー婦人がこちらに気づいて、あの名高いダイニング・コーナーの小窓をそっと開けて、手を振ってくれた。優しい人だ。その配慮にすぐさま全景もう1枚と窓のアップを撮って、一礼して、ちょうど頃合いと家の前を辞した。

26 旧甲子園ホテル
[現、武庫川学院]　1930年[昭和5年]　西宮市　遠藤 新[作]

往時の輝き

　武庫川学院第三学舎、旧甲子園ホテルは、60年を経た姿を撮影したほんの数年後に、修復直後をもう一度撮るという極めて稀な機会に恵まれた作品だ。違いは歴然であった。築後60年のずしりとした時の重みは、内外のどこへレンズを向けても否応なしに感じられる。タイルやテラコッタには汚れが堆積し、もはや汚れではなく建築の一部とさえ見えた。これを古色がついたなどと喜んでもはじまらない。ロビーや通廊を覗いても、暗く重い印象は強まる一方で、60年の歳月が、遠藤新のデザインのきらめきを押しつぶしてしまったというのか。とにかく気分は、浮かなかった。

　その数年後に完全修復された姿と再会した時の気持ちの高まりは、鮮明に覚えている。近代建築の写真を撮ろうとするのは、これを探しているからだろうと、建築に教えられた思いがしたからだ。建築が、往時の輝きを取り戻す。現実には、修復作業を通してしか不可能なことで、どの建築にも期待できるわけではない。だが初めてそれを見た昔の人の目になって、驚きや感動を写真にできないものか。彼らは、何に感動したのだろう、装飾か、階段室の明るさか、大きく張り出すバルコニーでは。そんなことを想像しながら、自分の興味と重なる所を撮っていく。その繰り返しの中から、昔の建築に潜む現代性を伝える写真がものにできるのではないか。

　晴天の助けもあって、修復し終った旧甲子園ホテルの外観は、輝ききっていた。同じく装飾過多ではあっても、帝国ホテルとは違ってこちらは、素材に粗さを求めてはいない。何故だろう。同じ凝灰岩ながら、日華石の表面は砂岩に近い滑らかさで、列柱がカステラではなくマシュマロのように見える。壁に張られたタイルも、スクラッチではなく普通の棒状タイルである。厚みを生かして目地をずんと深くと

ることで明確な影を生んでは、茶と黒のストライプを壁に刻みつける。
　明暗のコントラストを演出する外観の仕掛けは、まだまだある。方形の4段の凹凸を組み合わせたテラコッタで、2本の塔や屋上テラスの外壁はつくられている。その凹凸はかなりの落差で、影の出方は尋常ではない。朝、昼、夕とこの壁は素材の複雑さ以上に、激しく表情を変化させて、人を驚かすことだろう。
　遠藤新は、当たり前の話、ライト以上に日本の風土を知っていた。日本人が昔から影の精妙さをどれほど愛してきたかも理解していた。だから彼は、ライト直系の建築家にしては素材の力にむしろ頼らず、光と影の対比に内外の表現の基本をゆだねたのだろう。エッジも鋭く、石も白く輝いている修復直後のカチッとした姿に出会って改めて気づいた、幾層も落ちては壁に深みを与える影、まさに写真の表現力にはもってこいの、その魅力的な影を追った。

082

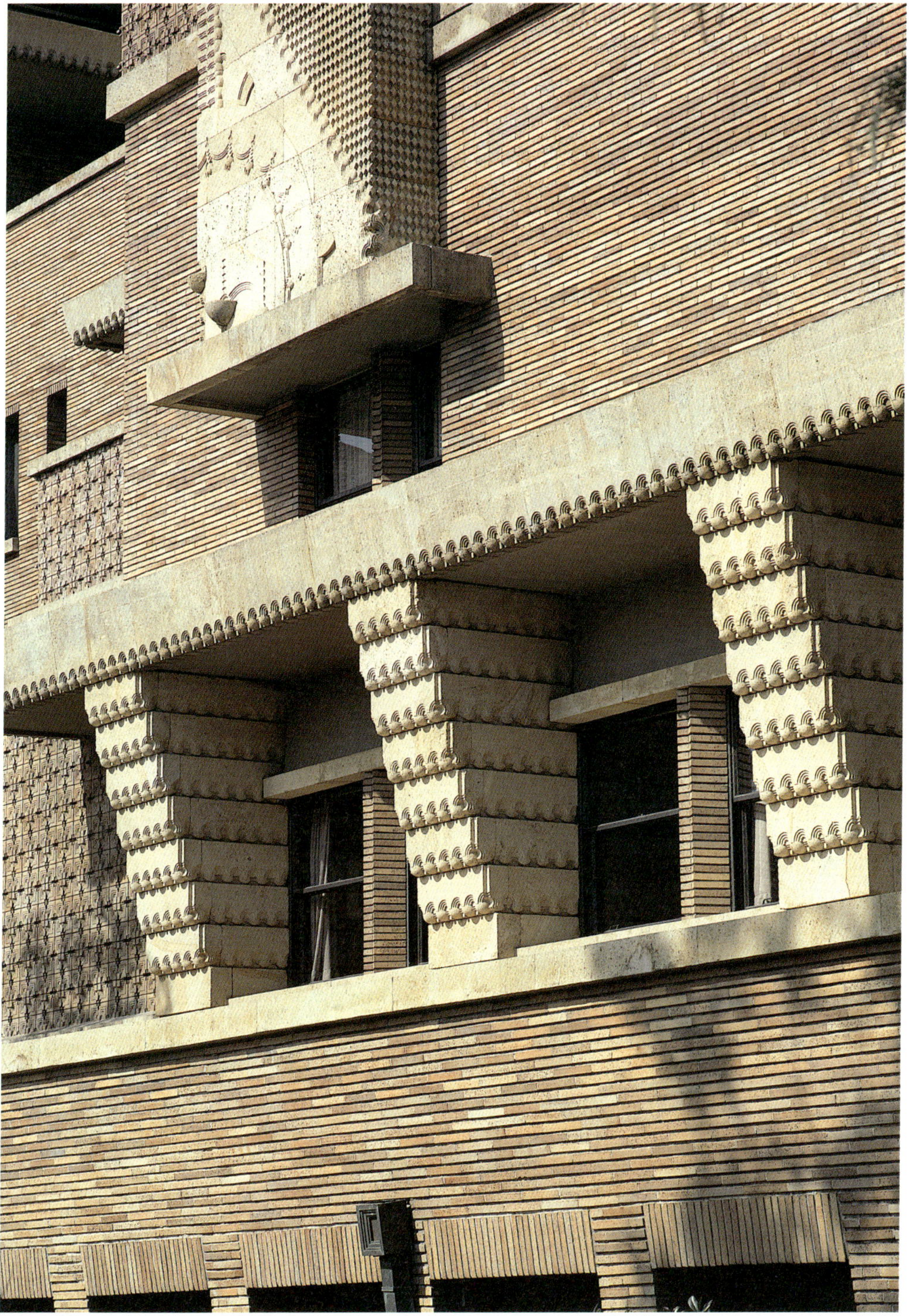

第4章

写真的建築論
写真は、建築を知っている

建築批評たりうる写真とは、どういうものだろう。写真は、限られたフレームによって世界を切り取って、見せる。建築の外観全体が写っていても、フレーム外にはまだまだ庭が広がっていて、撮影者はそれを認めつつフレームを当てる。ディティールをクローズアップして、ルーペのように目視しきれない詳細を明らかにする。こうした写真は、確かに批評ではあろう。しかしそれは写真のと考えるよりは、撮影者がある構図や対象を選び出したという批評であって、たぶん言葉でも伝達可能なことである。

写真自体が、批評として成立する場合がありはしないか。建築の何かを、限られた特性の映像メディアである写真だからこそ写し取っている、そんな場合である。

建築のエントランス正面を撮ろうとカメラを構える。扉がガラスの場合、日中は鏡面となって撮影者を映し出す。それを避けて斜めからパースのついた構図で撮る。その斜め構図を強いることが、そもそも建築への評価になっていると思う。左右対称の正面写真としたいのに、それができないというところに、写真が何かを語ってはいまいか。日本の古建築外観の撮影では、晴天を避けるのが鉄則だ。写真では、影が予想以上に強く出るので、深い軒下などは真っ黒くつぶれてしまう。そこで、比較的コントラストが弱く全体に光が回っている高曇りの日を選ぶ。

軒下の細工も写すようにする。これは内容から判断した写真の選択なのだが、同時に撮影者に曇りの日を半ば強制して選ばせるのは、写真だからである。そしてそこに建築に対する写真の主張もある。例えば軒が思ったより深いとか日射しがこんなにも鋭角だったといった、ごく簡単な誰もがすぐわかることかもしれない。だがそれこそが、建築を正面から受けとめた、写真ならではの読み解きの第一歩ではなかろうか。

ともすると建築の撮影者は、建築を勉強して、知識から迫ろうとする。そして出来上がった写真を読む時も、写真であることをついつい忘れ、改めて建築を吟味しているような錯覚に陥る。

写真は世界を写し取る万能機械ではない。特性限界を明確に備えた、ひとつのメディアにすぎない。能力に限りのある機械ゆえに、人の感覚には引っかかりもしない建築の何かを、拾っていると思う。写真は、人の認識とは違う姿として、建築を知っている。それを読み込んでみたいと思う。

27 川奈ホテル 1936年[昭和11年] 伊東市 高橋貞太郎[作]

日本は、暗いのだ

　日本の近代建築に初めて目を向けさせてくれたのは、鈴木博之さんである。日本の近代化を読み直す取材に、声をかけて下さったその連載は、第一生命本館からスタートした。が、撮影は冷や汗ものの連続となった。いくら取材を重ねても、しゃきっとした写真が一向に撮れないのだ。

　冷静に考えることのできる今は、写真の良くならなかった理由がはっきりわかる。自分の技量はさておくとすると、原因はふたつ、ともに日本に起因するものだ。

　ひとつは、窓。日本は、近代化によって初めて建築に窓を採り入れた国といっても良いだろう。範としたヨーロッパは、北緯50度前後の高緯度地域である。夏至の日でも太陽は70度までは昇らない。建築の内外に注ぐ自然光は、総じて斜光線で、私はそのヨーロッパの近代建築しかそれまでは撮っていなかった。ところが北緯35度前後の日本では、太陽は80度近くまで昇ることもあり、夏など自然光は直上から降り注ぐ感じ。だからわりと低い位置に設けられた窓からの光が、空間の奥にまで届くことはまず期待できない。高い太陽の下では、立体感は弱まり、内部は外に比べて極端に暗くなる。これが日本の近代建築のヨーロッパとの大きな違いで、取材中は、まったくそのことに気づいていなかった。

　もうひとつの原因は、蛍光灯である。訪ねたほとんどの建築は、蛍光灯をバンバン付けて暗い内部を明るい空間へと変えていた。蛍光灯で緑カブリした写真は、お化けの出てきそうな、極端に見栄えの悪いものとなる。しかも昔からのタングステン照明もあり、自然光も入る状況では、現場での補正は不可能に近い。

　しかしいくつも心に残る、建築と出会えた。川奈ホテルもそのひとつで、様式とモダニズムとが拮抗していた1930年代の状況がそのまま体現されたような作品だ。英国貴族の館を模したとされるロビーは、晴天の伊豆の地にありながらも室内に射す自然光の絶対的な量不足で、イギリス以上の暗さ、重さ。対して全周にガラスを張りめぐらせたパーラーは、まさにアフタヌーン・ティーを楽しむ室内化された温室であった。

　このパーラーの写真には、お化けの出ようもないから、のびのびと撮影も進む。ホテルの客がくつろいでいる室内風景は、やはり撮っていても楽しい。

　ともかくもモダニズムは、ヨーロッパの傾斜した自然光に対して空間を開くことから始まった。ひょっとして日本の風土はそのモダニズムには馴染まない、へたのままに終った連載中の写真がそう語っているように思えてならない今日、この頃である。

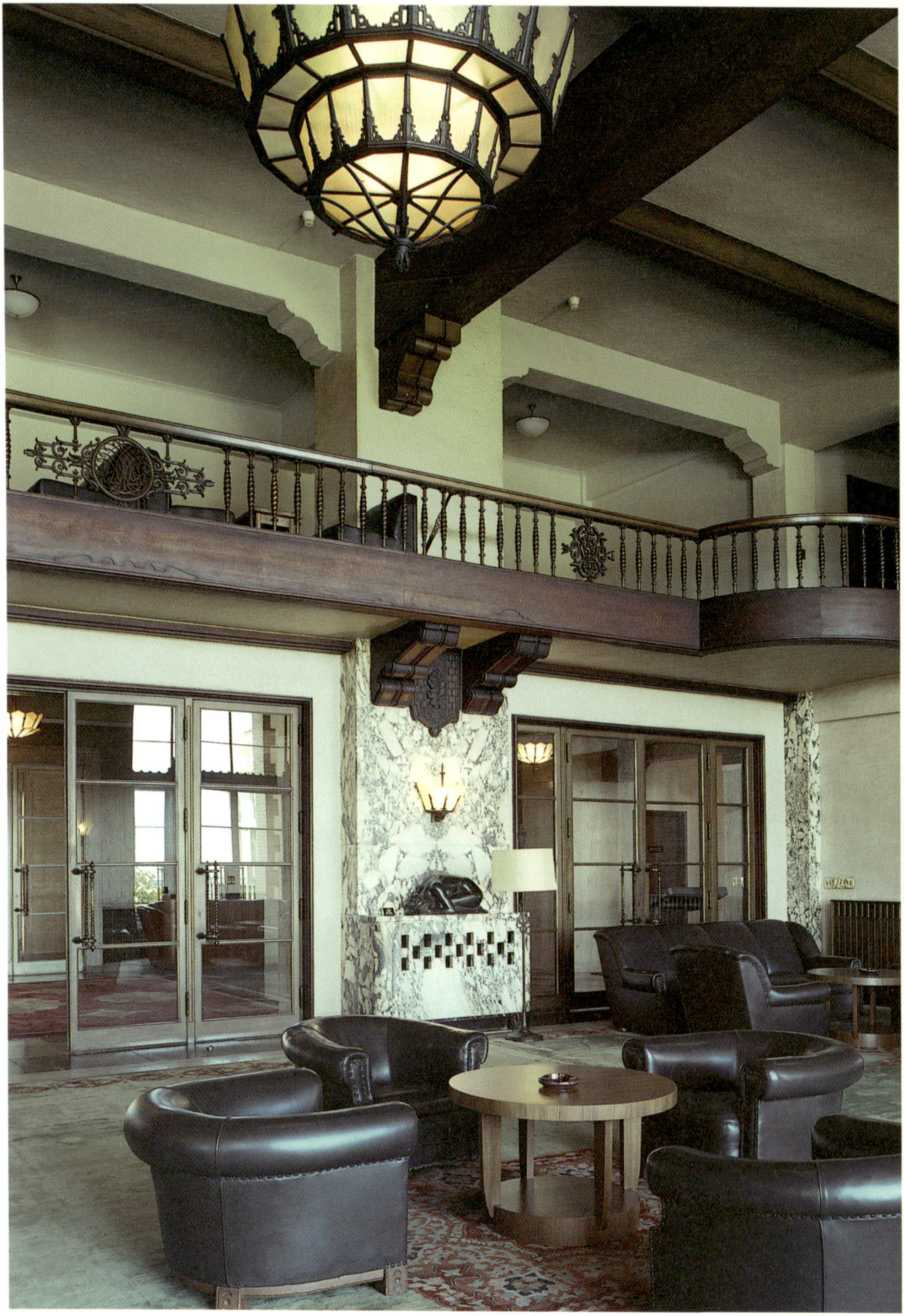

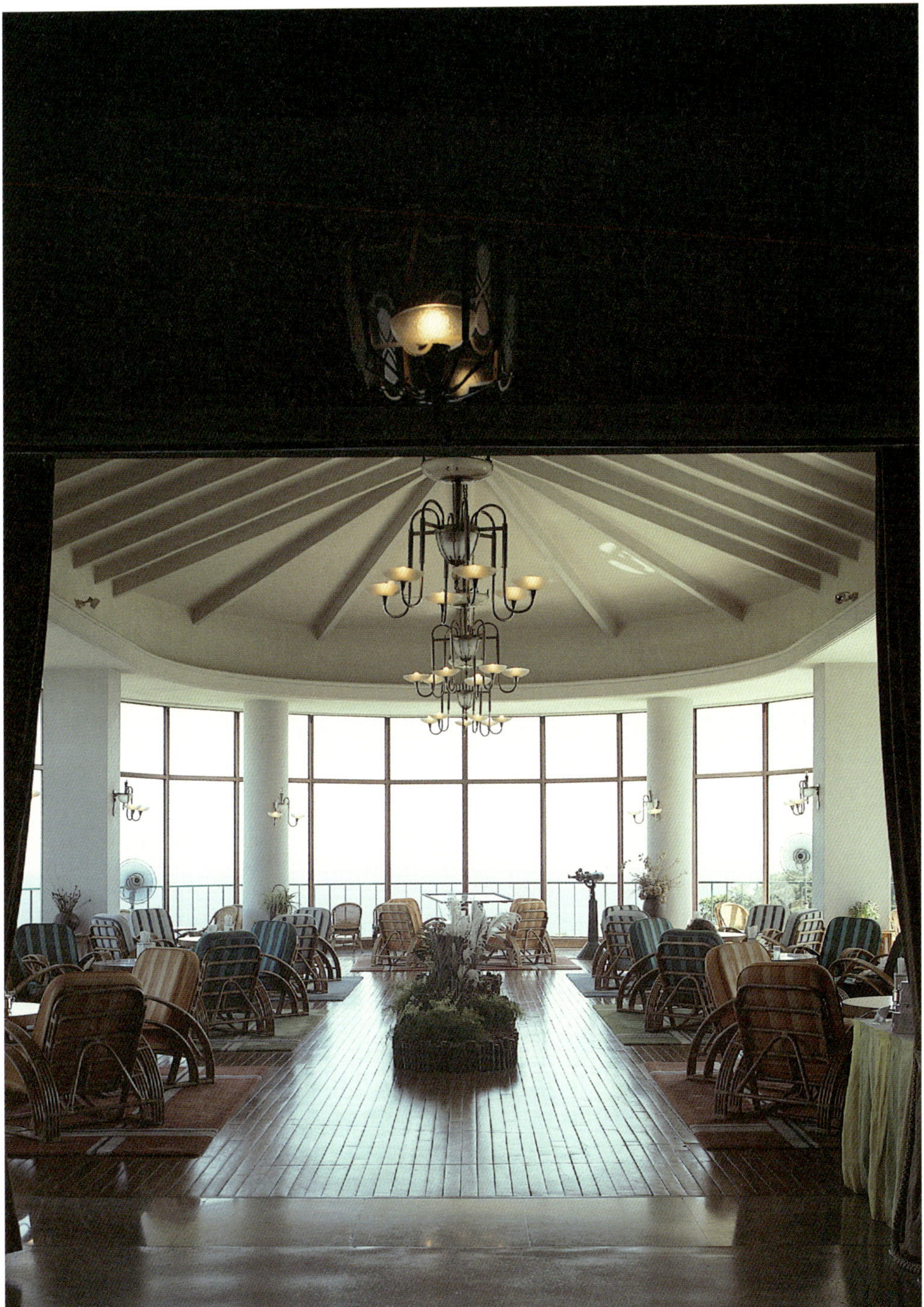

28 ロンシャンの礼拝堂　1955年　ベルフォー近郊[フランス]　ル・コルビュジエ[作]

ル・コルビュジエの、閉塞性

ただ一度だけ訪ねたロンシャンは、雨だった。

雨は雨なりに、おもしろい表情が撮れるから問題はないのだが、ひとつだけ困ったことがある。見上げる構図が選べないのである。レンズに雨滴がついて、像がぼやけてしまうからだ。だから丘の上にひれ伏すような姿で、近づくにつれて次第にその全貌を明らかにしてくるという、ロンシャンお決まりのカットを持ってはいない。代わりに、取材していた4時間は、雨で訪ねてくる人が10人足らずと少なく、ほとんど無人に近い状況で撮影に集中できた。若者がただ一人で30秒近くも不動のまま御堂で祈る、そんな姿も写真に納めることができた。

ところでこのロンシャンの礼拝堂は、それまでモダニズムの旗手と思われてきたル・コルビュジエが、合理主義を離れ造形主義に走った作品という批判を浴び、ひと騒動になった。しかし彼は、はたしてモダニズムの旗手たらんとしていたのかという疑問を、私は抱く。

例えばラ・ロッシュ＝ジャンヌレ邸からサヴォワ邸に至る白い住宅の連作のどれを見ても、外観には、それこそ白い平面としての堅牢な外壁が築かれている。グロピウスやミースとは異なり、ル・コルビュジエはガラスを表現の中核に据えることを、キャリアの初めから拒んでいたように思われる。スイス学生会館や救世軍施設のカーテンウォールも正面のみに張られ、残り3面は壁とされた。

ル・コルビュジエは、太陽光の下で輝く立体こそが建築であると考え続けた人である。だからまずもって明瞭に立体視される外観を構築しなくては意味がなかった。そして歴史様式とは異なる外壁表現である証しに、そこへ水平窓を走らせた。外壁主体の外観は、当然のこと、外部に対する閉じた印象、孤立する立体という感じを強くする。その典型がサヴォワ邸であり、ロンシャンなのだ。そして閉塞感は、いわば囲われた室内にあって、コーリン・ロウはそこに他のモダニズムとは違う、虚の

透明性を発見している、内部空間どうしの風通しを高めることで相殺できると、ル・コルビュジエは考えた。

　都市空間に埋没するラ・ロッシュ邸、草原のオブジェたるサヴォワ邸、どちらの外観撮影時にも、他のモダニズム建築に比べて、内部が覗き見えるとか、自分が映り込んでしまうという、大振りなガラス面に起因した注意や配慮がいらない。スラブの端部が軒と化して外壁に影を落とすこともなく、彼のファサードは、いつも滑らかな壁としてカメラの前に立ち現われる。外観を撮ることに関してロンシャンとそれら住宅とで、異和感をどこにも何ら覚えないのは、写真が、ただ表層の表情しか観察することのできないメディアだからであろうか。

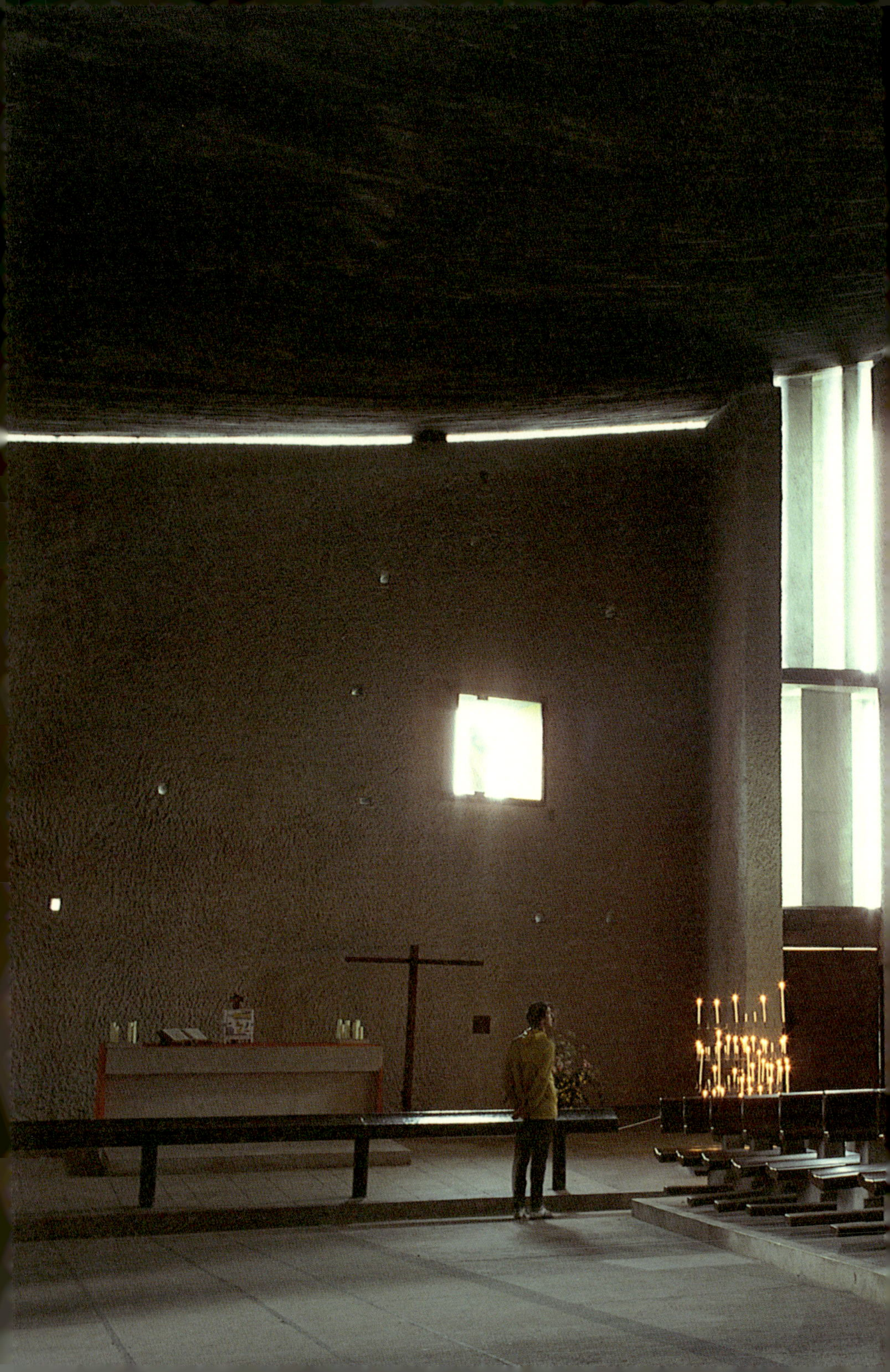

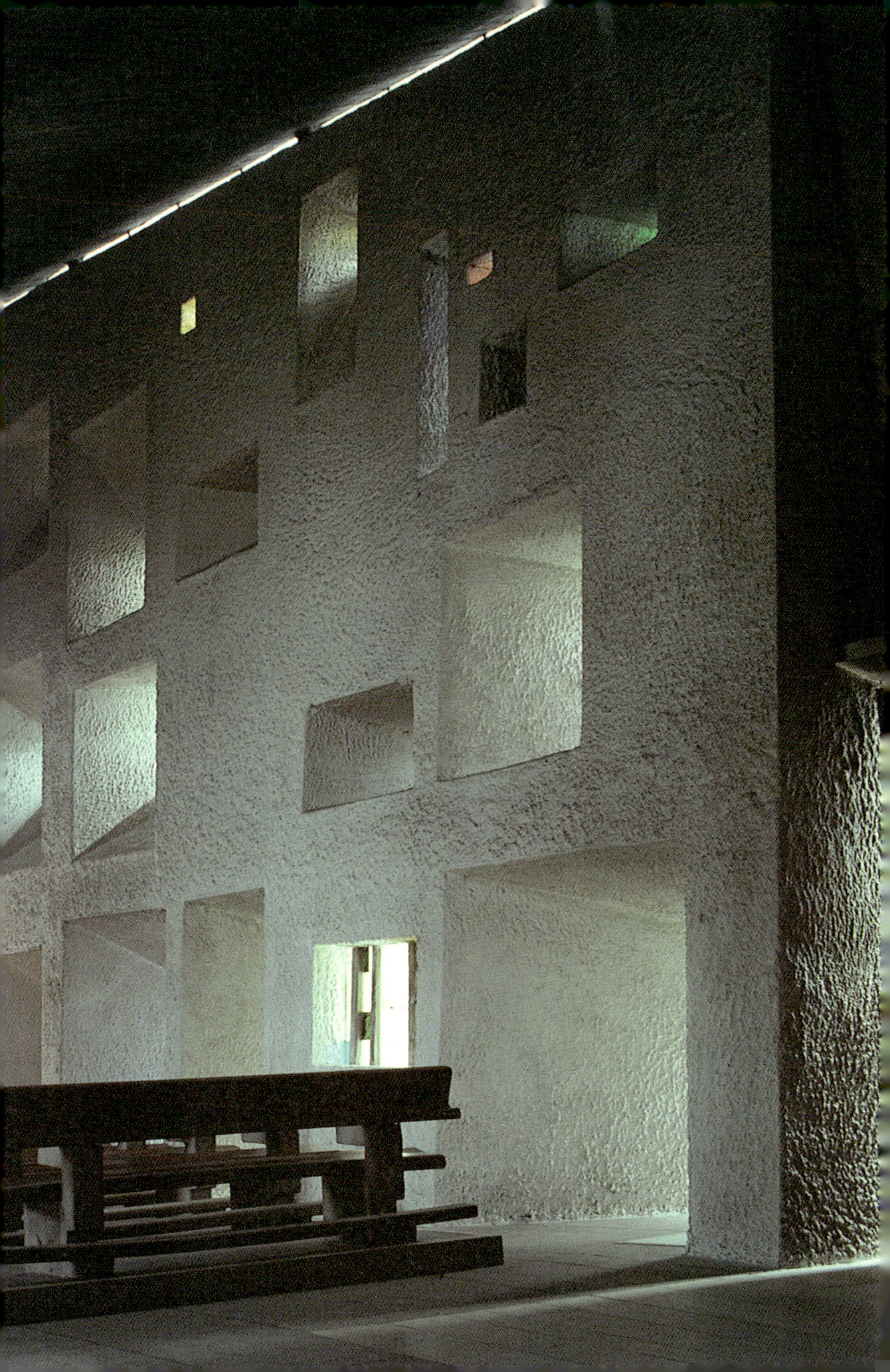

29 パディントン駅舎 　1854年　ロンドン　I.K.ブルネル、T.H.ワイアット[共作]

出来事は、空間を示す

ターミナルには終着駅の意味がある。

地方からの線路が2本、3本と集まりあるいは分かれ始め、最後には束になって建築群のつくり出した都市の谷間を流れながら、ひとつの巨大なホーム空間へと吸い込まれていく。ホームも含めた駅舎の形は、さながら都市の懐にぐさりと突き差された楔だろう。そして楔の先端は、こここそが玄関とでもいいたげな、凱旋門風な面構えのファサードを立ち上げて、街に対座する。

ロンドンともなると、そうした駅舎がいくつもある。ヴィクトリア、キングス・クロス、リヴァプール・ストリート。どれも昔は別々の私鉄路線のロンドン終着駅であった。そして今でも、100年以上も前の鉄とガラスに覆われた巨大ホームを使っている。

鉄の技術家ブルネルによるパディントンのホームは、総計10本の線路を引き込んだ幅70メートルの空間だ。それを3スパンで鉄とガラスの大屋根が覆う。200メートルはあろうかという奥行きの中央を別のアーチ2本が横断し、大聖堂の中央交叉部のようなダイナミックな造形さえ披露する。途轍もなく壮大でかつ純粋な、19世紀の技術の形が目の前にある。

ところでイギリスの列車は、ほとんどがディーゼル機関車である。だからこのとんでもなく大きな列車の格納庫内は、いつも排煙で薄くガスっている。それが朝靄のように心地良く感じられるのは、ガラスの大屋根から注ぐ光のせいだろう。心地良いといえば、音響もだ。列車の機械音やドアの開閉音、荷台の動く音、靴音や話し声。絶えることなく発生する音たちが、混じり合ってはこの大空間を揺さぶっている。その響きは、まるで森のざわめきを聞いているようで、ちっとも耳障りではない。空間が確かに活動している、その証だからだ。

はじめは鉄の架構のダイナミックな姿や、まだオーダーを意識し

てつくられた鉄柱にレンズを向けていた。あるいはワイアットによる鋳鉄の装飾透かしパネルや鉄製大時計などを拾い歩いていた。

　しかし心地良いノイズと靄とにひたっているうちに、そんな建築写真的アプローチでは、パディントンの空間性を伝える写真は撮れないのではと思い始めた。田舎からの鉄路10本を束ね、大都会ロンドンへの楔としたこのガラスの大ドーム。遠く霞む先に見える光輝く出口が、田舎との結びつきをイメージさせ、ざわめく空気が生き馬の目を抜く大都会の始まりを告げる、そうした両義性を備えた空間である。

　中ほどに跨線橋が見えた。上がってみると、林立する鋳鉄柱の間から、幾本もの鉄路やアーチを一望できた。停車中の列車に沿って、人が絶え間なく往来している。不動の構造を額縁に、ホームで起きているそれら出来事にカメラを向けてみた。シャッターを切り続ける間、耳には軽快なざわめきが響いていた。

| 30 | I.G.ファルベン[現ヘキスト]染料工場事務棟 | 1924年 | フランクフルト／M郊外 | ペーター・ベーレンス[作] |

デ・キリコ的空間性

　日本の近代建築運動としては、分離派がよく知られている。手本と仰いだのは、自分たちよりは2世代も前の前衛運動ゼセッションではなく、ドイツ表現主義の建築だった。そのドイツ表現主義は、ハンブルクを中心にした北ドイツ地方で、1910年代から20年代にかけてつくられたレンガ建築を指す。だからはたしてフランクフルト／M近郊のヘキストに建つこの作品を、ドイツ表現主義と呼んで良いものか迷うところだ。しかし時代といい、レンガを駆使した表現性の豊かなデザインが見られるところなど、他に適した位置付けも見当たらない。

　実はこの工場、3度訪ねている。最初は取材ではなく友人への付き合いで立ち寄った。カメラは持たず、見学しただけである。次には、正式に取材を申し込んで撮った。それがどうもしっくりとこなかったので、3度目の正直から再度挑戦した。

　5月の初旬ではあったが、異常気象のためか、ドイツでさえ30度を超えるほどの暑い日が続いた。既に2回もいわばロケハンを済ませているので、お目当てはホールと決めていた。くの字形の事務棟中央の、4階分を吹き放ったエントランス・ホールである。太いレンガの束ね柱が上階ほど迫り出してきて、まるで鍾乳洞の様相を呈している。レンガ表面に緑、青、赤、黄の原色がそれぞれにグラデーションをつけて塗ってあるので、映画「八つ墓村」の、色光に照らされた妖艶な地下空間を想わせる。ホールは、フィルムが何本あっても足りないほどの魅力に満ちている。

　そのホールに直行する前に外観をと思い、とりあえずカメラを構えた。強烈な日射しが、ただでさえ彫りの深いレンガ壁を、一層くっきりとした造形に見せている。気がつくと、あの長いファサードに人通りがまったくない。皆、暑さを避けて建物内の廊下を使っているのだ。そして静まり返った空気の中、ただレンガのファサードだけが、さらに不動感を増して立っている……。

デ・キリコの絵画空間ではないか。あの南欧の光が生んだシュールな空間が、今自分のカメラの前に広がっている。ほんの時折、人が足早に過ぎる。その路上に落ちた影が、黒々と存在感を持つ。時間も空間も止まってしまう、そんな一瞬にヨーロッパの北の地方で出会うなど、思ってもいなかった。

この異様な空間性に比べたら、ホールがごく普通の表現に思えてきた。ベーレンス入魂の空間だから、撮っていてつまらないなどというつもりはない。だが、自然が生み出したシュールな空間のおもしろさは格別だ。彼は、自分の作品が、南欧の画家デ・キリコの表現に限りなく近く見える一瞬のあることなど、想像だにしていなかったに違いない。

31 バルセロナ・パビリオン　1929年[1986年復元]　バルセロナ　ミース・ファン・デル・ローエ[作]

構図を金縛りする、ミース

　自律したオニキスの壁と、正面のガラス壁の手前でやはり自律する十字柱の間に広がる、ただバルセロナ・チェア2脚のみが置かれた空間。コルベの像の立つ、境壁とガラス壁とに挟まれたプール。この2枚の写真で、多くの人はバルセロナ・パビリオンを記憶し、理解している。

　持っている本に、竣工当時のモノクロ写真が数葉載っていた。コルベの像前に立つアルフォンソ13世などのスナップも交えた写真は、意外にも正面構図は少なく、斜めから覗き見る風のカットが多い。ミースも目を通したであろう当時の写真は、シークエンスとしてこの空間を捉えようとしている。これは結構、楽しい撮影になるかもしれない。硬化したイメージとは異なる空間性を発見できるのではと期待も膨らんだ。

　事前申請で、4時間の撮影許可をもらった。十分に余裕のあるつもりで、オーソドックスに外から入っていく状況を設定して撮影を始めた。階段、外のプール・ステージ、プール奥からの見返しそしてエントランスへと、順を追って作業を進める。ホール内部は、まずは入口からのオニキス壁の一瞥、入口の見返し。バルセロナ・チェアを眺めるどん引き、オニキス壁前の横移動、背面への回り込み……。あの折の行動を思い起こしてみると、こんなVTRの移動撮影と同じシナリオ台本が書き上がる。歩いては止まりシャッターを切り、レンズを換えては振り返りの繰り返しで、小さなホールを撮りまくった2時間が、あっという間に過ぎた。

　もうほとんど撮り終えた気分で、休みを入れた。間違いだった。テンションが下がるとともに、ある種の冷静さが戻っていた。休憩後、改めてカメラを覗いて、あれこのカットはさっき撮ったな、いやもう1メートル左からか、そんな困惑の連鎖が始まった。どこをどう撮っても同じで違う、ミニマリズム的モダニズム空間の迷宮に陥ってしまったのだ。

　その時、それまではまるで気にもとめなかったひとつの線が、強烈に目に飛び込んできた。床を張るトラバーチンの碁盤目状の目地線である。いったん気づくと、この床に刻まれた方眼は実にやっかいな代物で、ファインダーのフレームが、どんな具合にその線を切り取るかが構図の至上命題になってしまった。もはや自由気ままな観察を能テンキに続けるわけにはいかない。まるで畳の黒縁だ。方眼が、正しく方眼に見える正面もしくは斜め45度以外は、カメラを構えられなくなっていた。

　ただこの判断は、あながち的はずれでもなかったようだ。ミースは、トラバーチンの方眼をベースにしたプランを残している。自律する壁や柱は、すべてその方眼との位置関係から把握されたふしが、図面からはうかがえる。ミースは、空間の抽象を想い描くために、床に子午線をまずは引いた、何てことがあるのだろうか。

第4章 >>> 写真的建築論

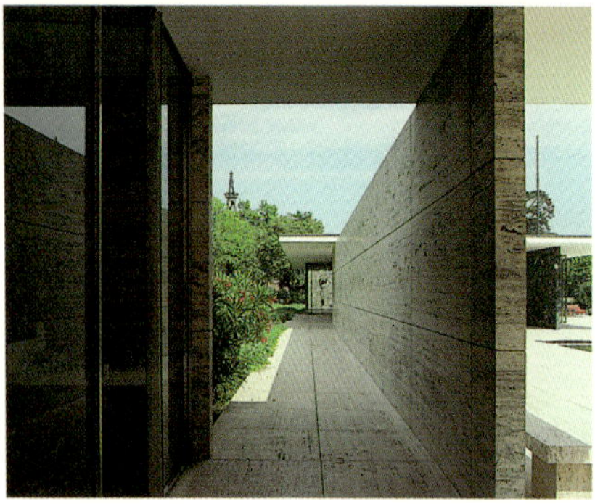

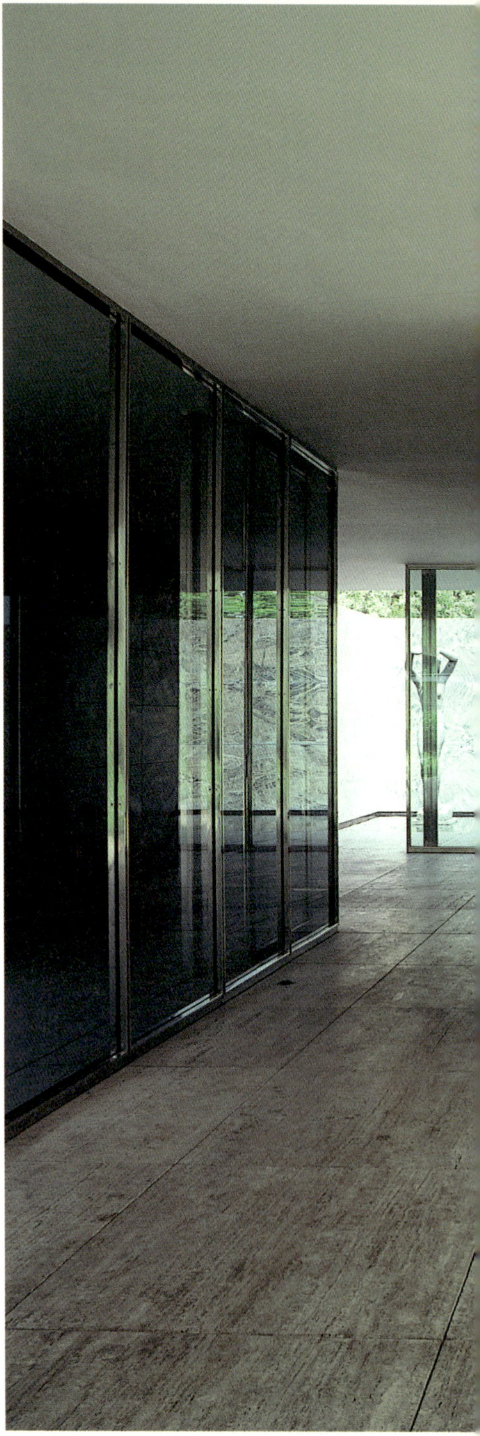

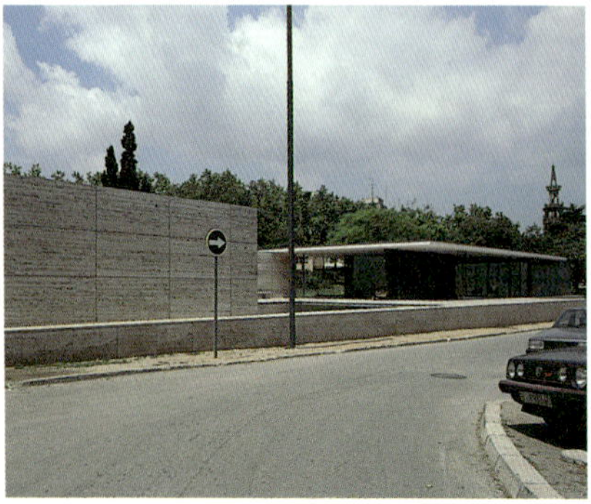

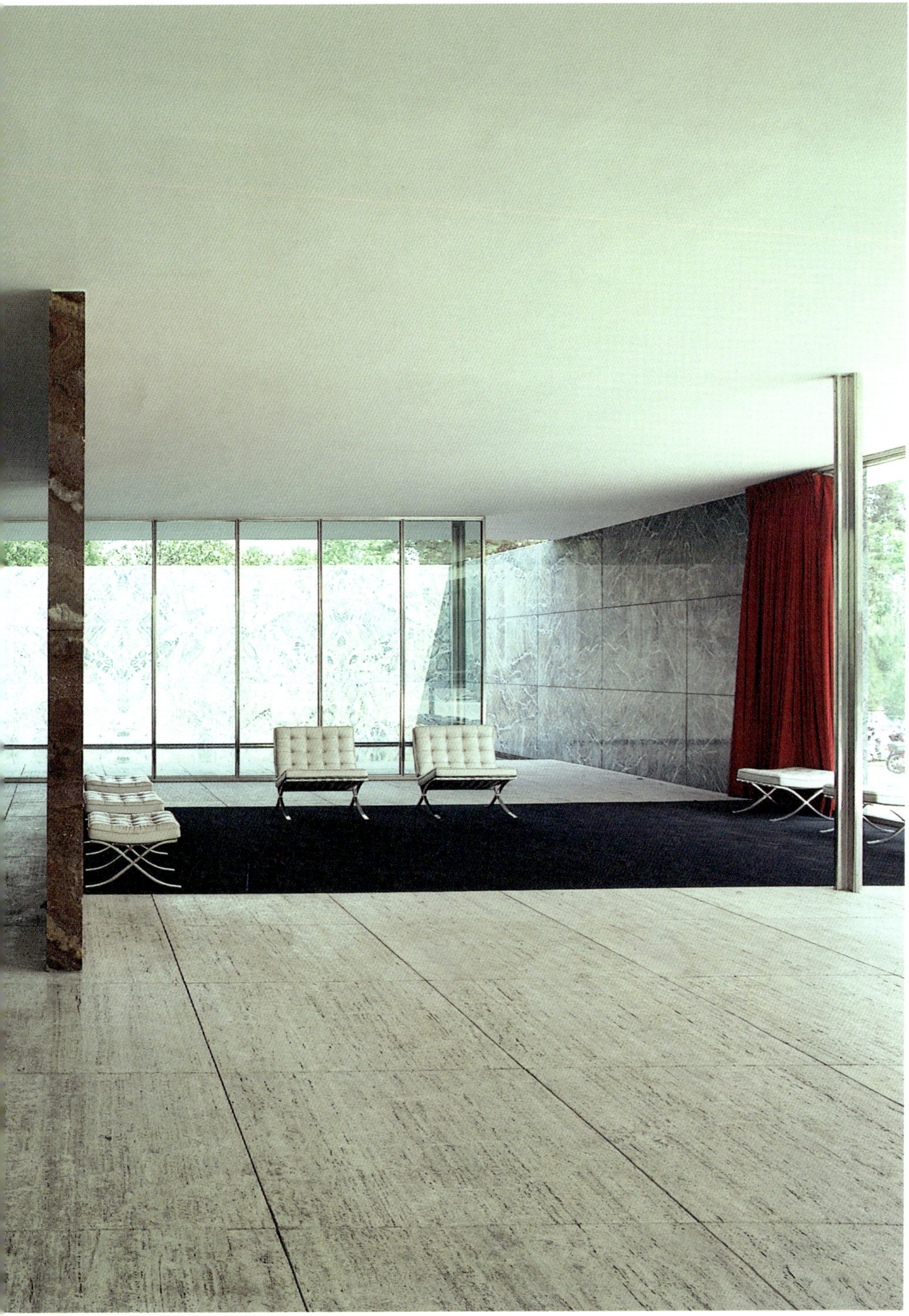

32 梅田換気塔　1963年[昭和38年]　大阪市　村野藤吾[作]

選び抜かれた、1本

「あまり知られていないが、いかにも村野らしい作品が……」とご子息の漾さんに勧められたのが、梅田駅前の換気塔だった。なるほどそれは、目につきづらい場所に立っていた。中層のビルにぐるっと囲まれ、絶えることのない車の流れに取り巻かれていては気づけという方が無理。しかも広場ではないから、人は車道越しにしか眺められない。

太さを違えた何本もの筒が林立している。銅鍋を打ち出したような、滑らかだがでこぼこした金属の表面がその筒を覆う。あるものは片口よろしく頂部を尖らせ、別の筒は胴を唐突に膨らませる。そして一群として不思議なまとまりを見せる。

撮り始めは、孟宗竹がモチーフだろうと思った。竹は村野好みの和風美でもある。しかし撮っているうちに、別のイメージが湧いてきた。これは村野藤吾が想い描いた超高層ビル群の、10分の1の縮減模型なのではあるまいか。あのビス留めされた1枚1枚の金属板をガラスに置き換えた、群としての超高層がこの駅前に出現したなら、どんなにか刺激的な都市空間が生まれるに違いない。技術上は不可能だろう。あんなガラス面をつくるには、時代が早過ぎる。それを百も承知で、この作品に未来のイメージを託していたとしたら……。

ともあれこの換気塔は、大変な存在感を備えている。自己完結形の、巨大彫刻といっても良い。事務所で村野藤吾の夥しい数にのぼるスケッチを見せていただいたことがある。外観や断面のスケッチともなると、微妙にカーブを違えた10数本もの線が引かれ、そのうちの1本を選ぶのが所員の仕事だともうかがった。換気塔の外観輪郭も、そうした選び抜かれた1本なのだろう。彼にとって外観のラインは、建築の要、むしろ物である輪郭をまずは美しく築く。空間はその物が自然と開いてくれる。

一方現代のCADシステムは、物である外観や輪郭を後回しにして、ダイレクトに空間を思考し、デザインできるのではあるまいか。空間を、輪郭を前提とせずに三次元の広がりとしてイメージし、風船を膨らませるよう

に、ころ合いをはかりながら、マウスをころがして1本の線をドット間にスウッと引く。建築の外観にガラスが多用される一因は、そのモニター上に美しく引かれたただ1本の線に、最も近しい素材だからではあるまいか。

　かくいう私は、いまだに鉛筆手描きでこの原稿を書いている。パソコンを使ったこともない者の、与太話をもう少し続けよう。村野藤吾は、手描きスケッチそして手描き図面の時代を生き抜いた巨人だ。その彼が想ったかもしれない超高層ビルは、きっとCADからは生まれ得ないとんでもない姿になる、あの梅田換気塔のように。

33 明治生命本館　1934年[昭和9年]　東京都千代田区　岡田信一郎、岡田捷五郎[共作]

カメラが誘う、ディテール狙い

「ディテールをたくさん撮ってますよね」「装飾が好きでしょう」、よくこんなことをいわれる。意識して、ディテールを追っているつもりはない。一眼レフカメラで建築を撮る、オーバーにいえばその宿命、ごく自然にカメラの注意がディテールに向く。

三脚は必ず使う。ひとつは構図の問題で、ファインダー内での1ミリのずれが、フィルムの小さい分だけ命取りになる。またフォーカルプレーン・シャッターの振動は思いの外大きくて、どんなにシャッター・スピードが速くても、必ずブレが起こるのが一眼レフである。

三脚を使ってはいても、移動する、高さや角度を変える、レンズやフィルムの交換、露出の操作のいずれの点も、一眼レフではひょいひょいとこなせる。このひょいひょいが、実は良くもあり、また災いの元にもなるのだ。外観で正面全景を撮っているとする。あっ、窓に日が射し始めた、とすぐにレンズを換える。近寄って光るガラス面を撮ろうと構えると、今度はサッシや蝶番が気になり始める、という具合に、際限のない興味地獄に陥るはめになる。3歩進んで、1カット。そんなペースで建築を撮影している気分だ。そしてひとつの建築作品に関して全景、近景、ディテールそれぞれを狙った写真がほぼ等量ずつ確保される、いつしかそれが理想になった。

ところでディテールには、少なくとも納まりと意匠のふたつの面がある。だからディテール写真からは、その両面が読み取れなくてはあまり建築上の意味はないだろう。ただ中には、純粋意匠、すなわち装飾と呼んで良いものもあるわけで、日本の歴史様式の作品を撮った時に、その装飾なるものと初めて出会った気がしている。ヨーロッパ19世紀の歴史主義建築が、明治から昭和初期の3、40年間に凝縮されて日本に登場する。それらのディテールは、納まりの好例というよりは、卓抜した日本の職人技による工芸品、装飾の宝庫に見えるのだ。

明治生命本館もそのひとつである。1934年竣工だから、様式建築の掉尾を飾る大作といえる。コリント式列柱が表現を律する外観の堂々ぶりもさることながら、9m近い吹き放ちとされたロビー営業室の佇まいたるや、ヨーロッパの格式ある銀行本店だといってもおかしくない。

とりわけ天井が見事だった。中央をガラス張りのスカイライトが占めるその縁取りや、周辺を張る六角パターンの連続面には、これでもかこれでもかという精緻極まる細工が施されている。モダニズムを象徴するスカイライトが、歴史の衣裳を着込んでいるのに何の違和感も覚えないところが、また素晴らしい。これを撮らない手はない。日本の様式建築では、純粋意匠から目が放せない。

103 | 第4章 >>> 写真的建築論

34 シュレーダー邸──II　1924年　ユトレヒト　ヘーリット・トーマス・リートフェルト[作]

中心のない、部屋

　どちらかというとモノクロームが幅をきかせた外観のせいか、シュレーダー邸の室内は異常なほどカラフルに見えた。
　1階のリートフェルトのスタジオは、さながら三原色の色見本のようなあり様。あらゆる木の表面が、段ごと面ごとに塗り分けてあるのだ。2階、シュレーダー家の生活空間ではそこより4倍近く広いとあって、色は一歩後退した感もある。だがデ・ステイルの三原色が至るところに落とされ、息子の部屋の床が全面赤く染めてある点には、驚きよりも、落ち着くのだろうかと疑問すら浮かんだ。ポストモダン時代のイタリアン家具も真っ青な内部の色使いは、インテリアの教科書の悪しき例の引き合いに出され兼ねない代物だろう。
　赤がポイントのようだ。灰皿ほどに小さくても、赤は目立つ。写真家の三木淳が慶應義塾の写真集を出したことがある。早慶戦のスタンドの大見開き写真は一瞬の構図選択であるはずなのに、彼はちゃんと赤の配置を見切っていた。なるほどそこに写った何千人もの学生たちが身にまとう赤が、とても気持ちよく分散されている。ブリューゲルの絵は赤が重要という話も聞いたことがある。私もシュレーダー邸の赤を意識して写真を撮り始めた。
　ところがカメラを覗いていてそれ以上に気になることが出てきた。室内のどちらへカメラを向けても、構図センターとなる物が見つからないのだ。可動間仕切りで完全オープン化された住宅だから、リビング・ダイニング、息子の部屋そして娘2人の部屋のいずれも、固定化された壁は2面しかない。2面の直交壁だけで、部屋を表現したことになる。だったら2階中央に位置する階段から斜めに各部屋を眺め、直交するふたつの壁がすべて納まる構図が部屋々々の全景写真になるのだろうか。
　それは妙である。例えばリビング・ダイニングの空間的中心はテーブル回りとその背後の窓辺にあると思われる。そことバランスをとるかのように、息子の部屋との境に、巨大な入れ子家具然とした、黄の映写機台がボンと置かれた。だからこの全景は、息子の部屋側から通し矢的に映写機台そしてテーブル回りを見たいところである。ところが肝心の映写機台は、た

たまれた間仕切りの影で見えない。子供たちの部屋でも、収納やベランダへの扉がどこに配置されたかが重要で、それは必ずしもひとつしかない部屋の隅を中心にまとめられているわけではない。何とも構図の決め兼ねるインテリアである。

　もとよりリートフェルトは、写真写りを気にしてインテリアを構築したわけではない。フルオープンの必然として、各部屋が直交する2面壁の内側に表現されただけである。その2面壁は、結果、この住宅の2階全体を四角くぐるっと囲い取る連続立面となる。パタパタパタと、まるで屏風でこしらえたようなインテリア、その奇抜さが構図を難しくする主要因なのだろう。

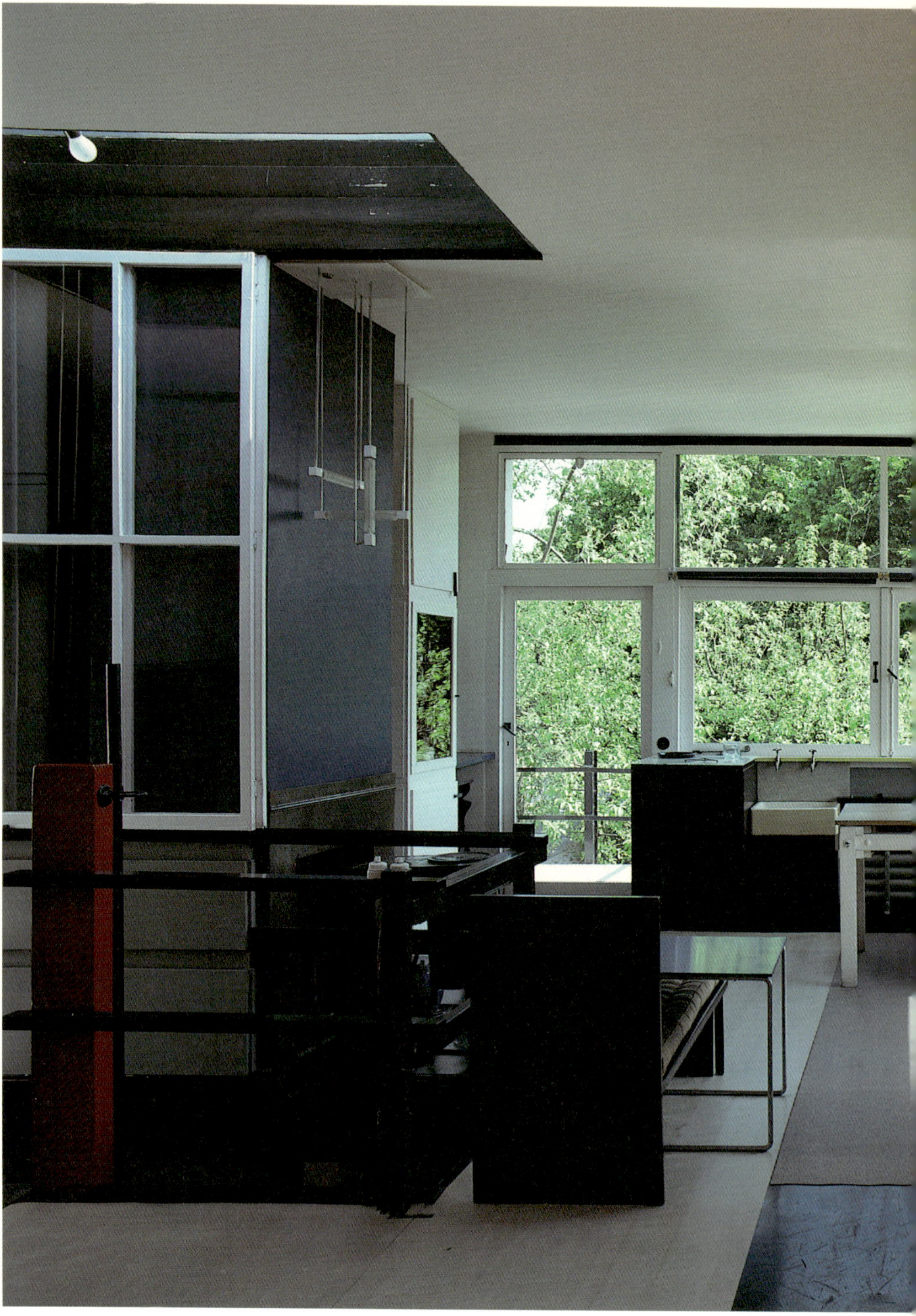

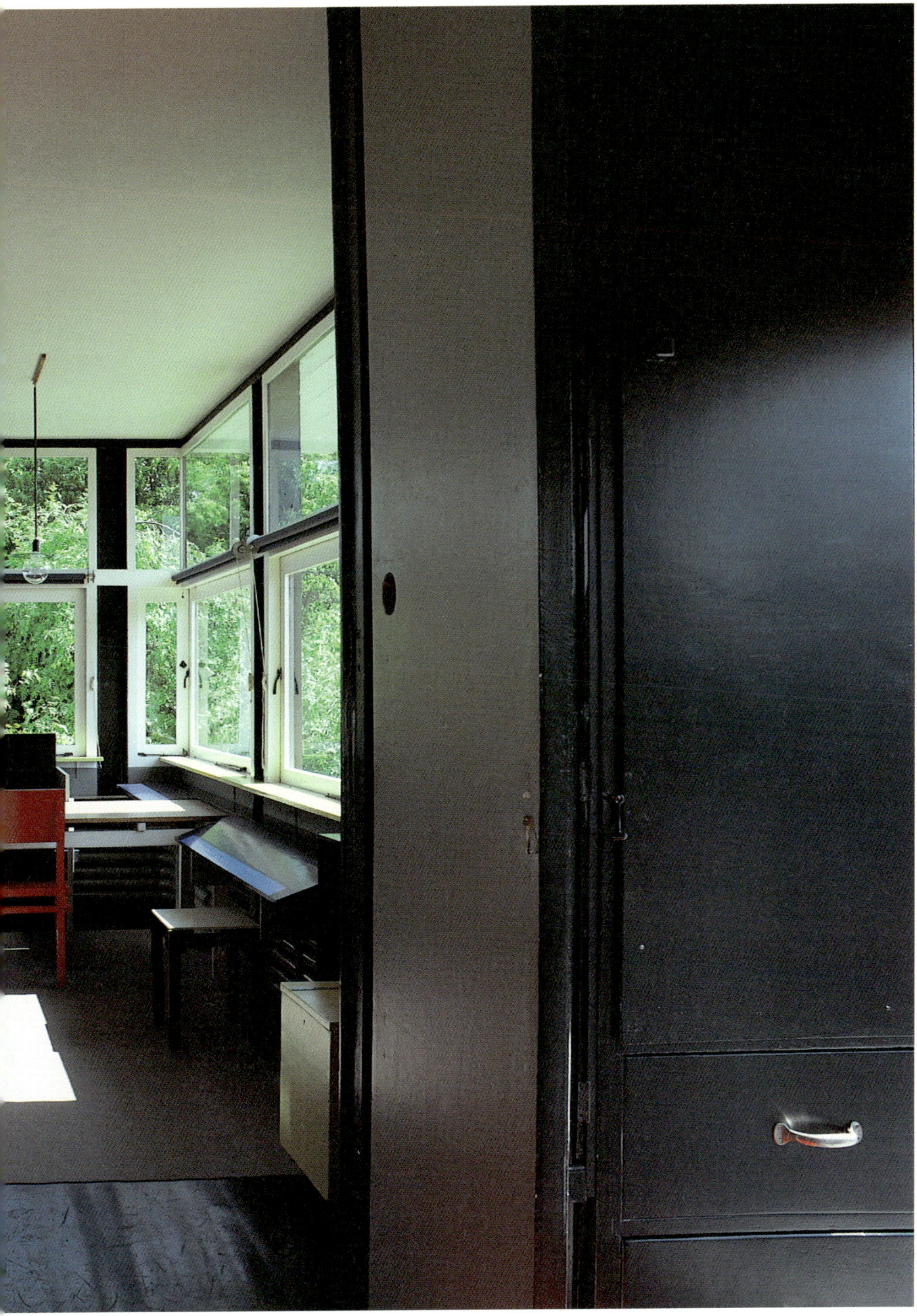

35 旧帝国ホテル中央玄関棟　1923年[大正12年]　犬山市明治村　フランク・ロイド・ライト[作]

ライトは、背が低い？

一見、忘れ難いものがある。旧帝国ホテルの意匠壁はそのひとつだ。ただしさすがライトといった感動で頭に刻み込まれたわけではない。

カメラを据えた三脚をかついで通廊に足を踏み入れた時、あっ、ぶつけたらいけないなという注意がまず頭をよぎった。何しろやわな大谷石製の壁だったから。次には天井が他とは異なりぐっと低く、その大谷石のレリーフが床面近くにまで達していることに目がいった。あれ、ライトはこんなに背の低い人だったかしらと連想するほどに、細工の施された部位は、どんどん下がっていく。

人の肩やバッグがふれただけでも角が崩れそうな大谷石製レリーフを、狭い通廊に立てる。しかも下の下まで意匠を凝らして、ライトが小がらな人ではなかったかと思わせた、そのことが、この壁を忘れ得ぬ存在にした。

もとよりアメリカ人のライトが小さいはずはなかろう。よしそうであったにしろ、一方では巨大な吹き放ちホールをつくったりと、空間は絞っては開く、自在な展開を遂げている。建築家その人の身体感覚と出現する空間の関連性は薄いと考える方が良いのだろう。自分の実感覚から空間のイメージをつかんだにしろ、それを設計図という抽象へ還元する段階で、個人の身体感覚は消去される。建築家の身体そのものが感じられる空間があるとすれば、自邸だ。

それに対して建築写真には、撮った人間の背の高さが確実に記録される。正しくはカメラのレンズの高さだが、写真家が対象を見ている目線の高さがどれほどであるかは、写真からすぐにわかる。アオリを使ってどんなに高くまで垂直性を出そうが、同じである。例えば空間に180センチの棚が置かれていたとする。多くの写真には、その天板の上面は写っていない。目には見えていないから、強いて写す必要を感じないのだ。

写真はその点で極めて身体的、設計図のように抽象化された平面とは異なるのである。立面写真と、立面図の違いだ。
　よく100人の写真家がいれば、100通りの写真が出来上がるといわれる。その根本要因は、この目線の高さにあると思う。写真家とは、見る人、である。カメラのあるなしにかかわらず、常に見ることを意識している。そして世界を見て、認識しているその目の高さはというと、普段歩いている高さとなる。それが100人集まれば100人とも異なり、その違いが基本的な個性となり、同時に世界を写し取る個々人の限界となる。
　ここまで考えると、どうしても書きたいことが出てきた。存じ上げている多くの建築写真家の方々は、概して背が低いのである。低い目線は、空間の堂々とした広がりを感知し易く、結果、建築に魅せられ易い。何といっても建築写真の本道は、空間を堂々と表現することなのだから。

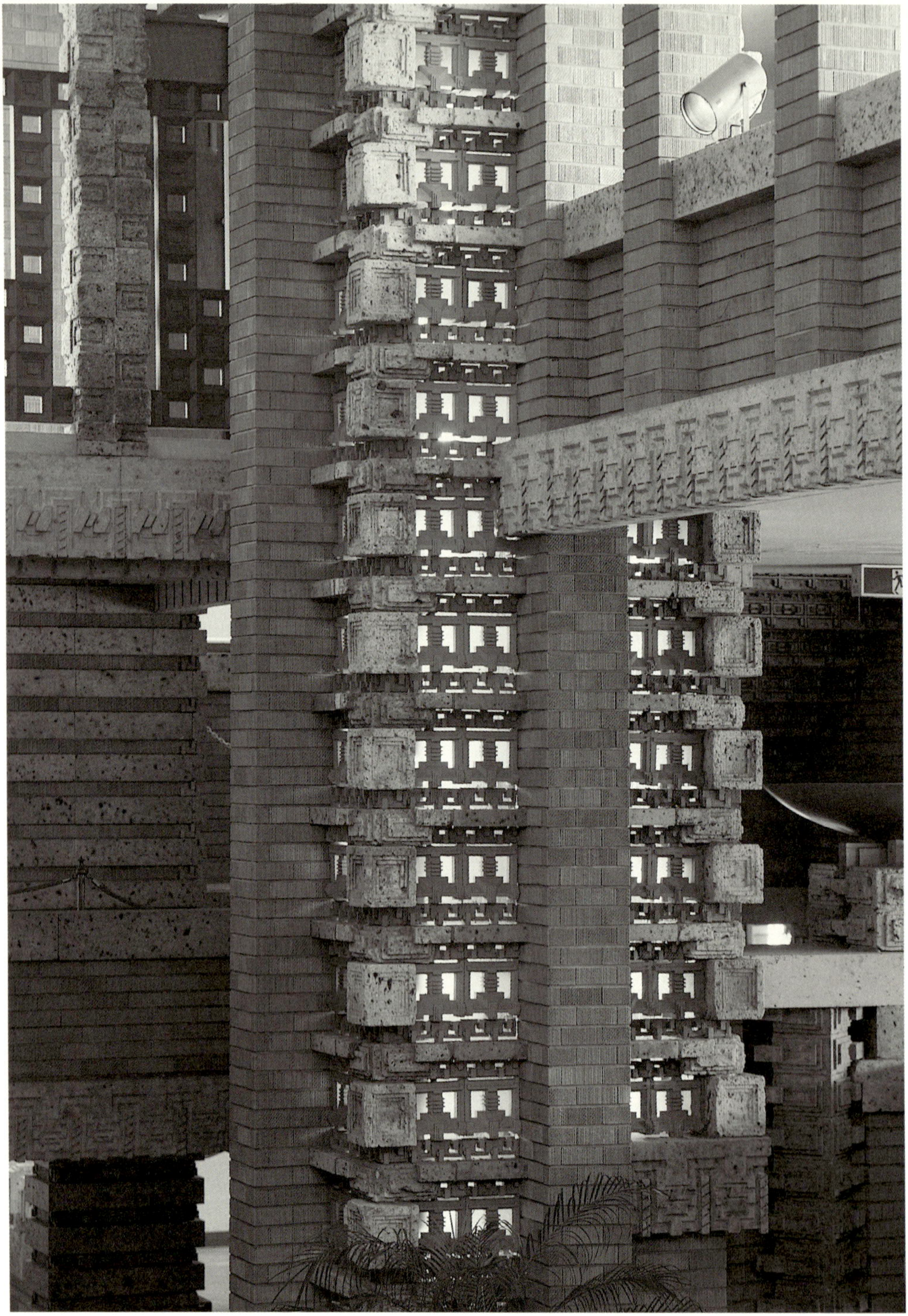

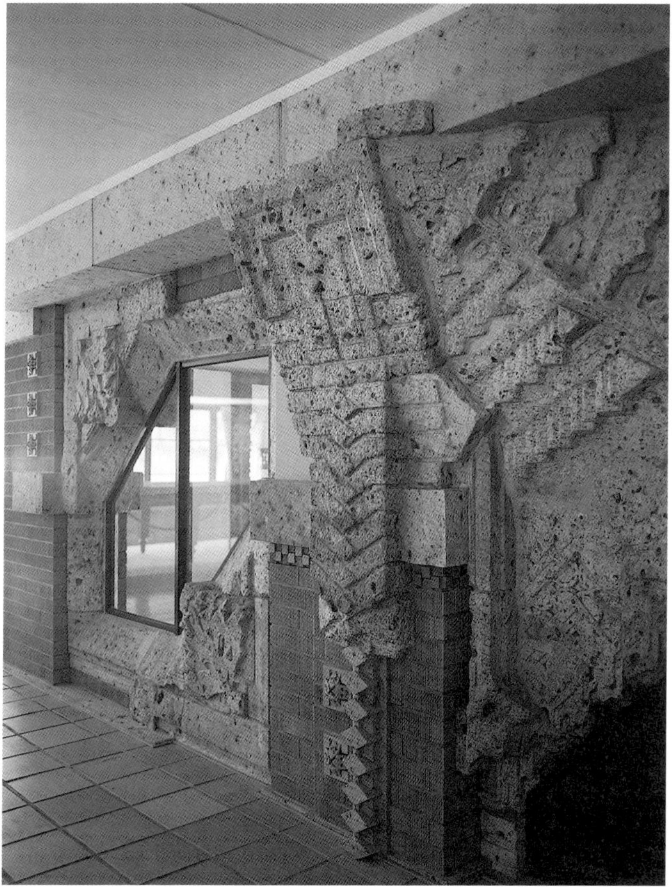

写真的建築論

2008年5月28日　第1刷発行©

[著者]　下村純一
[発行者]　鹿島光一
[発行所]　鹿島出版会
〒107-0052　東京都港区赤坂6丁目2番8号
電話03-5574-8600　振替00160-2-180883
[デザイン]　上田宏志(zebra)
[印刷・製本]　三美印刷

無断転載を禁じます。落丁・乱丁本はお取替えいたします。
ISBN978-4-306-04507-1 C3052

本書の内容に関するご意見・ご感想は下記までお寄せください。
URL　　　http://www.kajima-publishing.co.jp
E-mail　　info@kajima-publishing.co.jp

[略歴]
下村純一(しもむら・じゅんいち)
1952年東京生まれ。
早稲田大学で美術史を学ぶ。㈱博報堂勤務を経て、1978年よりフリーで、建築の撮影、評論を始める。早稲田大学、武蔵野美術大学の非常勤講師を1986年より勤め現在に至る。
著書、写真集に「織りなされた壁」(グラフィック社)、「不思議な建築」(講談社)、「細部の神々」(平凡社)、「アール・ヌーヴォーの邸宅」(小学館)、「銭湯からガウディまで」(クレオ)、「感性のモダニズム」(学芸出版社)などがある。
㈳日本写真家協会会員。